PLATÃO

Íon

FILŌESTÉTICA

autêntica

PLATÃO

Íon

1ª reimpressão

Introdução, tradução e notas
Cláudio Oliveira

Prefácio e posfácio
Alberto Pucheu

Agradecemos à Oxford University Press a permissão de reproduzir integralmente o texto grego estabelecido por John Burnet.

Dados Internacionais de Catalogação na Publicação (CIP)
(Câmara Brasileira do Livro, SP, Brasil)

Platão
Íon / Platão ; tradução Cláudio Oliveira. – 1. ed.; 1. reimp. – Belo Horizonte : Autêntica, 2022. – (Filô Estética ; coordenação Gilson Iannini)

Bibliografia
ISBN 978-85-7526-547-5

1. Filosofia antiga I. Título. II. Série.

11-06842 CDD-184

Índices para catálogo sistemático:
1. Platão : Filosofia grega antiga 184

GRUPO AUTÊNTICA

Belo Horizonte
Rua Carlos Turner, 420
Silveira . 31140-520
Belo Horizonte . MG
Tel.: (55 31) 3465 4500

São Paulo
Av. Paulista, 2.073, Conjunto Nacional
Horsa I . Sala 309 . Bela Vista
01311-940 . São Paulo . SP
Tel.: (55 11) 3034 4468

www.grupoautentica.com.br
SAC: atendimentoleitor@grupoautentica.com.br

Prefácio

*Alberto Pucheu**

A excelência desta tradução do *Íon*, realizada por Cláudio Oliveira, vem contribuir – em muito – para um novo pensar a partir de Platão, que possa desfazer algumas caricaturas fixadas, e ainda preservadas, sobretudo acerca da relação entre poesia e filosofia em sua obra, mas também acerca da suposição de o *Íon*, por ser um diálogo da juventude, ser de menor importância. Apesar de comparecer na *República*, na *Apologia*, no *Fedro* e no *Banquete*, a poesia não é, deles, o motivo regente: no teatro filosófico de Platão, vale lembrar, o *Íon* é o único texto cuja dinâmica total gira em torno da poesia (ou da rapsódia, tanto faz) – esta é sua diagonal de intensidade atuante a requerer, a partir de si, uma legibilidade. Para quem quer enfrentar a poesia e sua relação com a filosofia, bem como para quem quer enfrentar uma reflexão sobre os modos de interpretação da poesia, este é o diálogo primeiro, ainda à espera de leituras que reconheçam sua excelência, tornando-a pensada.

* Professor Titular do Departamento de Ciência da Literatura da Faculdade de Letras da Universidade Federal do Rio de Janeiro (UFRJ), é graduado e mestre em Filosofia e doutor em Letras (Ciência da Literatura) pela mesma instituição. É poeta, autor de diversas obras e vencedor de importantes prêmios literários.

Nesta tradução de Cláudio Oliveira, é notável a atenção dispensada à materialidade tanto do texto grego quanto do em português, fazendo emergir inúmeras precisões sintáticas e semânticas que ajudam o leitor a enxergar melhor a beleza, a ambiguidade e a grandeza do texto platônico. Já na primeira fala, em português, como em grego, Sócrates diz "Boas-vindas ao Íon", como se o personagem de Atenas saudasse o rapsodo que acaba de chegar à cidade e, simultaneamente, Platão cumprimentasse o leitor pela entrada no próprio diálogo. Do começo ao fim, a precisão terminológica é mantida, como, por exemplo, nos modos gregos para dizer o que é habitualmente traduzido apenas por "interpretação": "interpretação", aqui, é decorrente do grego *hermeneúein*, mas há também o verbo "fazer exegese", de *exegéomai*, indicando a sutileza no que diz respeito a diversas maneiras "interpretativas". Quando Sócrates está para começar a contar o mito ao rapsodo, ele diz "Eu vejo mesmo, Íon, e vou te mostrar o que isso me parece ser", dando conta de todo o apelo visual do pensamento mítico: é porque "vê" que pode "mostrar" o que lhe "parece". Sempre que pode, o tradutor preserva, por exemplo, os jogos de radicais iguais em palavras diferentes, como "depende", "pendurado" e "suspenso"; quando isso se torna impossível em português, uma nota explica o que acontece no original, como no caso das fortes aliterações de *melopoioí* (poetas líricos), *méle* (melodias), *melirrýton* (de mel corrente) e *mélittai* (abelhas). As notas, aliás, são todas de grande importância, explicando os motivos das escolhas, por exemplo, de "terrível", e não do esperado "hábil", para traduzir *deinós*; de "leigo" para traduzir *idiotés*; da utilização do verbo *poieîn*; do duplo sentido de um *atekhnôs*, que seria apenas "simplesmente", se não mantivesse em si a tensão principal do diálogo que possibilita ler o termo também como *atékhnos*, ou seja, sem técnica, além de tantas outras clarificações que favorecem imensamente o leitor a ficar imerso na complexidade da escrita e do pensamento platônico. Friso também que, nas passagens citadas por Sócrates da *Ilíada*, Cláudio Oliveira manteve sabiamente a tradução de Haroldo de Campos, porque, entre nós, outra melhor não há, e naquelas em que a citação vinha da *Odisseia*, manteve o texto de Carlos Alberto Nunes, que importantíssimo trabalho realizou em nossas terras.

Acompanhada do original grego, tal tradução do *Íon* se torna necessária tanto aos especialistas da obra de Platão como um todo quanto aos que possuem um interesse específico pelo *Íon*, mas propicia também uma leitura prazerosa a qualquer poeta, filósofo, professor, estudante ou leigo que queira ler um dos textos mais incontornáveis de todos os tempos quando o assunto é poesia. Isso porque, junto com o rigor, a dedicação e o estudo necessários para se debruçar sobre a língua e a filosofia gregas antigas, Cláudio Oliveira sempre encontrou a paixão, sendo movido por ela. Tal rigor e tal paixão fizeram o texto e, nele, o pensamento gregos soarem da melhor maneira no português de nosso tempo, que o leitor tem, agora, como convite à leitura, em suas mãos.

Introdução

*Cláudio Oliveira**

Talvez não seja adequado relacionar o *Íon* a dois outros diálogos de Platão, *A República* e *O Sofista*, que tratam, respectivamente, da exclusão da poesia e da exclusão da sofística do âmbito da filosofia a partir de um mesmo procedimento: a associação de ambas à arte da imitação e a desqualificação desta última. A questão da imitação não é uma questão no *Íon*, ao passo que, em *A República* e *O Sofista*, apesar das ambiguidades e do próprio envolvimento que a filosofia parece ter com a imitação, há o mesmo veredicto: condenação da imitação e condenação, em consequência, da sofística e da poesia, já que a imitação é a essência de ambas.[1] A questão da imitação é o que permite aproximar poesia e sofística, e a discussão da filosofia com ambas, se partirmos de uma leitura desses dois diálogos julgados da "maturidade" de Platão. Mas, se partirmos do *Íon*, um diálogo julgado "de juventude", uma aproximação entre sofística e poesia pode

---

* Professor Titular do Departamento de Filosofia da Universidade Federal Fluminense (UFF).

[1] Para uma análise da ambiguidade da posição de Platão quanto à sofística e à arte da imitação, ver o Capítulo I, da primeira parte de minha dissertação de mestrado: *Acerca de Linguagem e de Sofística: uma discussão com Platão e Heidegger.*

se construir a partir de um outro lugar. Por isso, mesmo que não de todo justificável, a referência a esses diálogos "maduros" permite-nos lembrar que Platão, de fato, trata, em primeiro lugar, e exemplarmente, da arte poética e do poeta quando fala da relação entre arte e verdade. Mas também nos faz lembrar que a essa questão associa a da sofística, pois pensa "o poeta *enquanto ele reconduz ao elemento que produz e alimenta o sofista*" (Alliez, 1992, p. 221). Está, aliás, assim, de acordo com toda a tradição grega, para a qual a palavra "sofista" é claramente associada aos termos *sophós* e *sophía*, os quais, desde o princípio, diziam respeito não só ao sábio e ao vidente, mas também ao poeta. É testemunhado, a partir do século V a.C., o uso do termo *sophistés* não só para os Sete Sábios, para os filósofos pré-socráticos e até para uma figura como Prometeu, mas também para músicos, rapsodos e poetas (Kerferd, 1981, p. 24).

Platão mostra-se de acordo com essa tradição no *Íon*, que muitos consideram ser um de seus primeiros diálogos. Não é por outro motivo que, no *Íon*, Sócrates afirma, talvez sem nenhuma ironia, não ser de modo algum um sábio (*sophós*). É um modo, o seu, de se excluir de uma certa tradição e fundar uma outra, nova, não de sábios, mas de filósofos. Sábios, segundo ele, são, nesse sentido, os rapsodos (*hoi rhapsoidoí*, 532d), os atores trágicos e cômicos (*hoi hypokritaí*), bem como aqueles cujos poemas (*tà poiémata*) estes cantam: os poetas.

A sabedoria, ao contrário da filosofia, surge, aos olhos de Sócrates, como algo relacionado ao divino. A filosofia, por sua vez, parece alguma coisa referida ao próprio homem, que tem de haver consigo mesmo e com a linguagem na construção de um saber. Por isso, ele, Sócrates, seria apenas um leigo, um homem simples (*idióten ánthropon*, 532e), que nada faz além de dizer a verdade (*oudèn állo è talethê légo*, 532d). Um simples mortal. Os belos poemas (*tà kallà poiémata*, 534e) cantados pelo rapsodo, ao contrário, não são humanos (*ouk anthrópiná estin*), nem provêm dos homens (*oudè anthropón*). São divinos, provenientes dos deuses (*theia kaì theôn*, 534e). Os poetas: intérpretes desses deuses (*hoi dè poietaì oudèn all' è hermenês eisin tôn theôn*, 534e). Os rapsodos: intérpretes desses intérpretes (*hermenéon hermenês*, 535a).

Como intérprete de intérprete, terceiro numa série que tem deus como primeiro, o rapsodo assumiria, aqui, no *Íon*, uma posição semelhante à que tem o imitador em *A República*, acreditam alguns (Stälin, 1901, p. 31). O que talvez seja questionável. Talvez não seja tão óbvio que o deus de *A República* sejam os deuses que falam pela boca dos poetas e dos rapsodos no *Íon*. Mas é inegável que a sabedoria divina de Íon é precisamente aquilo que, para Sócrates, o torna incapaz (*adýnatos*, 532c) de interpretar a obra de qualquer poeta através de uma *tékhne* e de uma *epistéme* (*tékhnei kaì epistémei*). Os deuses, no *Íon*, não são nenhum fundamento do conhecimento do rapsodo, mas, talvez, de seu desconhecimento. Pois seu dom de bem falar (*eu légein*, 533d) sobre os poetas não provém de uma *tékhne* (*ouk ek tékhnes*), e sim de um poder divino (*theía dýnamis*): a Musa (*he Moûsa*). Ela inspira todos os bons poetas (*pántes poietaì hoi agathoì*, 533e), sejam líricos (*hoi melopoioì*), sejam épicos (*hoi tôn epôn poietaì*). Inspirados (*éntheoi ontes*, 533e), eles dizem todos aqueles belos poemas (*pánta taûta tà kalà légousi poiémata*). Por uma mesma concessão divina (*theíai moírai*, 535a), os rapsodos interpretam as obras desses poetas (*hoi rhapsoidoì tà tôn poietôn hermeneúete*). Mas esse saber que eles possuem é um saber que não se sabe. É algo de que Sócrates está totalmente ciente e de que tenta tornar Íon ciente ao longo de todo o diálogo, mesmo que sem um sucesso total. Pois a Íon pode ocorrer a questão: de que vale esta "ciência", este "estar ciente", na arte?

A concessão divina implica, para Sócrates, uma consequência clara: falar muitas e belas coisas acerca do poeta (*pollà kaì kalà perì tou poietoû*, 542a), sem nada saber (*medèn eidòs*), significa não ser um *tekhnikós* (*mè tekhnikòs*), isto é, não ter o domínio e o saber acerca do que se diz, não saber o que se sabe.

Em poesia, como sobre a verdade, tem-se escolha, para Sócrates, tão somente entre ser divino (*theîon*, 542b) ou ser "técnico" (*tekhnikòn*). O rapsodo Íon, como sabemos, escolhe ser divino, afinal, é muito mais belo ser considerado divino (*polỳ gàr kállion tò theîon nomídzesthai*, 542b). E assim se conclui o diálogo. Donde se pode concluir também, talvez, que a filosofia implique certa perda do divino.

Há quem considere, no entanto, também divino o filósofo. É o caso, por exemplo, de Teodoro em *O Sofista* (216b).[2] Mas Sócrates, na ocasião, sugere que talvez seja precisamente isso o que gera a confusão entre as diversas aparências que esses gêneros assumem (*phantádzontai*, 216d): ora políticos (*totè mèn politikoì*), ora sofistas (*totè dè sophistaì*), ora, ainda, aqueles que se comportam de maneira absolutamente mântica (*pantápasin ékhontes manikôs*), isto é, os poetas.

No *Fedro*, ele afirma que os maiores entre os bens (*tà mégista tôn agathôn*, 244a) nos chegam através da *manía* (*dià manías*). Entre os vários modos desta, está a que tem como princípio as Musas (*apò Mousôn*, 245a). Nela, a alma, excitada e agitada num transporte báquico (*egeírousa kaì ekbakkheúousa*, 245a), exprime-se segundo cantos e outras poesias (*katà te oidàs kaì katà tèn állen poíesin*).

Essa caracterização do poeta, bem como do profeta, do vidente e do político, como homem divino é recorrente nos diálogos de Platão e encontra-se também no *Ménon*:

> Corretamente, portanto, chamaremos de divinos aqueles de que falamos anteriormente, os que cantam oráculos, os mânticos e todos os poetas; e, sobretudo, e não menos

[2] Cf. também *Carta VII*, 340c e *Fedro*, 239b.

que eles, afirmaremos que os políticos são divinos e inspirados pelos deuses.

(*Orthôs ár' àn kaloîmen theíous te hoùs nyndè elégomen khresmoidoùs kaì mánteis kaì toùs poietikoùs hápanntas. kaì tòus politikoùs oukh hékista toùton phaîmen àn theíous te eînai kaì enthousiádzein* [99c-d].)

A ausência dos filósofos, na lista, deve-se ao fato de que, para Sócrates, a *theía moîra*, a concessão divina desde a qual todos eles falam, opõe-se diretamente à *epistéme*. Todos eles, se são bem-sucedidos ao dizerem muitas e grandes coisas (*katorthôsi légontes pollà kaì megála prágmata*, 99c), o fazem sem nada saber do que dizem (*medèn eidótes hôn légousin*). Não sabem o que sabem.

É o caso, também, dos políticos. Porque seu saber não é uma *epistéme* (*oudì epistémen*, 98b), não podem transmiti-lo aos outros. Não sendo adquirido através de uma *epistéme* (*mè epistémei*, 98b), o que resta (*tò loipòn*) é sê-lo através de uma boa opinião (*eudoxíai*). Mas, assim agindo, eles não diferem em nada (*oudèn diapheróntos*, 98c) dos que cantam oráculos (*hoi khresmoidoí*) e dos que deliram por inspiração divina (*hoi theománteis*). Eles falam, por um lado, muitas vezes a verdade (*houtoi légousin mèn alethê kaì pollá*, 98c), mas sem nada saber do que dizem (*ísasi dè oudèn hôn légousin*). Se merecem o título de divinos (*theíous*, 99c), não são, por outro lado, dotados de nenhum senso (*noun mè ékhontes*). Isso não os impede, é verdade, de ter sucesso (*katorthoûsin*, 99c) nas muitas e grandes coisas que fazem e dizem. Como o próprio Íon, em sua atividade de interpretar Homero: ninguém soube dizer deste tantos pensamentos belos. Íon é o melhor rapsodo da Grécia (*tôn Hellénon áristos rhapsoidòs*, 541).

Essa atividade que exerce o rapsodo, a interpretação dos textos dos poetas, o aproxima, sobremaneira, dos sofistas. Não é por acaso que também aos rapsodos se atribuía o termo *sophistés*. Protágoras, no diálogo de Platão que leva o nome do sofista, afirma: "Creio eu, ó Sócrates, que a parte mais importante da formação de um homem é ser terrível no que concerne à poesia" (*Hegoûmai, ô Sókrates, egò andrì paideías mégiston méros eînai perì epôn deinòn eînai* [338e]).

O termo *épos*, a que se refere Protágoras, tem, por extensão, além do sentido de palavra e fala, os sentidos de discurso, palavras de um canto, recitação, palavra dada, promessa, conselho, parecer, maneira de dizer, provérbio, sentença, palavra de um deus, oráculo, notícia. Em sentido particular, *tà épe* é a poesia épica. Por sua vez, *deinón*, termo que aqui se traduziu por "terrível", insere-se no campo semântico de *deinótes*, que, além de significar o aspecto e a característica espantosos e extraordinários de algo, significa, também, em sentido particular, a habilidade e o talento de orador.

Na fala de Protágoras, todos esses elementos salientam que, para os gregos, a experiência da linguagem é o que há de mais extraordinário e que essa mesma experiência se dá seja na poesia, seja na profecia, seja na política, seja na retórica, seja na sofística. É o que se vê também no *Górgias*, em que Sócrates associa todas as formas de poesia – seja o canto acompanhado de cítara (*he kitharoidiké*, 502a), a poesia dos ditirambos (*he tôn dithyrámbon poíesis*) ou a tragédia (*he tês tragoidías poíesis*), à sofística e à retórica. Mas Sócrates assume, no *Protágoras*, uma postura contrária à do sofista: "deixemos de lado e não nos ocupemos com cantos e poemas" (*perì mèn aismáton te kaì epôn eásomen* [347b-c]). Para Sócrates, a conversa acerca de poesia (*tò perì poiéseos dialégesthai*, 347c) é muito semelhante aos banquetes daqueles homens comuns que frequentam a *ágora* (*toîs symposíois toîs tôn phaúlon kaì agoraíon anthrópon*),[3] reuniões, descritas com desprezo semelhante por Isócrates, discípulo de Sócrates,

[3] *Anèr agoraîos* é o orador político como homem próprio às discussões da *ágora*.

em que sofistas conversavam sobre Homero e Hesíodo (*Panathénaïque*, 236c-e).

A posição de Sócrates, como personagem de Platão, é a primeira a sustentar tal exclusão da poesia e da sofística do âmbito da filosofia. Esse ato é, de fato, o ato que define a própria constituição da filosofia. A filosofia se funda e se constitui por essa exclusão. Desde então, caracterizar um pensamento filosófico como "poético" passa a ser tão ofensivo quanto considerá-lo "sofístico". As duas coisas, parece, caminharam muito próximas, a tal ponto que, "ainda hoje, a filosofia oficial censura autores 'poéticos' demais, como Heidegger e Nietzsche, nas próprias faculdades de filosofia, exatamente como Aristóteles censurou, com muito mais talento, Górgias, vinte e tantos séculos atrás" (Paes, 1989, p. 8). Já Teofrasto, discípulo e sucessor de Aristóteles, "de modo crítico, faz notar, contra Anaximandro, que ele *poietikotérois hoútos onómasin autà légon*, que ele diz aquilo que ele discute com nomes mais poéticos" (Heidegger, 2002a, p. 382). O que Teofrasto aqui critica é a indistinção, dominando a aurora do pensamento grego, entre *sophía* e poesia, verificável no poema de Parmênides, nos fragmentos de Heráclito ou na sentença do próprio Anaximandro.

Sobre tal indistinção, Heidegger, no século XX, encontrará, antes, o fato positivo da precedência do pensamento, como "poema original", a toda poesia ou poética da arte, na esfera da língua. Segundo o filósofo, todo poema, em sentido largo ou restrito, é, em seu fundo, pensamento (Heidegger, 2002a, p. 380). Retomando essa tradição, Heidegger é o primeiro grande pensador ocidental a reiniciar um diálogo sistemático com a poesia, mesmo que precedido nessa tarefa pelos românticos alemães e, claro, por Nietzsche. Ao entregar-se ao desafio de fundar um acordo entre a essência íntima dessas duas experiências da linguagem, a filosofia e a poesia, o filósofo alemão retoma, a seu modo, uma antiga prática rapsódica e sofística: a interpretação de textos poéticos.

Já se frisou: até hoje, não foi ainda suficientemente sublinhado o fato de que os sofistas concederam uma posição central em sua prática à interpretação de textos poéticos (Most, 1986, p. 237). Reconhece-se, apenas, que, "com efeito, os sofistas tomavam muitas vezes como base de seu ensinamento o comentário dos poetas" (Canto, 1989, p. 38). Mas não é só isso. A hermenêutica exercida por eles teria fundado todo o desenvolvimento futuro da cultura grega (Most, 1986, p. 34). Dir-se-ia um pouco mais: ela é o apogeu de uma experiência cultural que já vinha se formando muito antes.

Protágoras, no diálogo de Platão que leva seu nome, confirma tal processo ao afirmar que a arte sofística é muito antiga (*egò dè tèn sophistikèn tékhnen phemè mèn einai palaián*, 316d). Cita, dentre os homens antigos que a praticavam (*toùs dè metakheiridzoménous autèn tôn palaiôn andrôn*, 316d), como poetas (*toùs mèn poíesin*), Homero, Hesíodo e Simônides, e, como iniciados nos mistérios e cantores de oráculos (*toùs dè au teletás te kaì khresmoidías*), os órficos (*Orphéa*) e os devotos da Musa (*Mousaîon*).[4] E mesmo a mitologia já aponta para essa ligação essencial entre sofística e hermenêutica: Hermes, o deus protetor dos discursos e dos ladrões, segundo a tradição patrística, é o "primeiro sofista" (Florescu, 1982, p. 14). Como tal, ele "realiza o real, sorteando os acontecimentos pelo lance de dados, ou utilizando a balança do *kairós*, isto é, agindo no momento oportuno" (Paes, 1989, p. 41).

Heidegger, ao colocar como epíteto de sua fenomenologia o adjetivo "hermenêutico", o faz derivar do verbo grego *hermeneúein*, associando-o, igualmente, à figura do deus Hermes e tomando como referência última o *Íon* de Platão:

---

[4] Protágoras cita ainda mestres de música como sofistas.

"Hermes é o mensageiro dos deuses. Traz a mensagem do destino; *hermeneúein* é a exposição que dá notícia, à medida que consegue escutar uma mensagem" (Heidegger, 2004b, p. 96). Baseando-se na definição de Platão, no *Íon* (534e), do rapsodo como aquele que traz ao conhecimento a palavra do poeta (definição tomada, por Heidegger, positivamente), o filósofo alemão salienta que a significação primeira de hermenêutico não é "interpretar", mas "trazer mensagem e levar notícia" (Heidegger, 2004b, p. 97). Heidegger seria, ele mesmo, um "rapsodo contemporâneo" de poetas como Hölderlin, Rilke, Trakl. Talvez isso explique um pouco a figura, recorrente em sua obra, do cantor, do poeta que canta: "O dizer mais dizente dos que arriscam mais é o canto (*der Gesang*)"; "Os que arriscam mais são os poetas, mas poetas cujo canto vira o nosso desamparo para o aberto" (Heidegger, 2002b, p. 363, 365). Se partirmos do *Íon*, e da posição que Sócrates assume no diálogo, seremos forçados a ver em Heidegger um ponto de inflexão nas relações entre filosofia e poesia, mas também uma modificação da própria compreensão acerca da linguagem.

O Sócrates dos diálogos platônicos marcaria o surgimento de uma compreensão acerca da linguagem que determinará todo o desenvolvimento futuro dessa questão: a linguagem fala de algo, de um *ti*, e por meio dela o ser desse algo nos é acessível e acessível para os outros. Heidegger vem alterar, de certo modo, essa situação. A aproximação, por ele proposta, entre pensamento e poesia traz, de novo, para o campo da filosofia, o elemento poético, a partir do reconhecimento de que toda fala é, em si mesma, poética: "Poesia nunca é propriamente apenas um modo (*mélos*) mais elevado da linguagem cotidiana. Ao contrário. É a fala cotidiana que consiste num poema esquecido e desgastado que quase não mais ressoa" (Heidegger, 2004a, p. 24). Nietzsche viu o mesmo fenômeno quando afirmou que "não há naturalidade não retórica da linguagem, que possamos convocar" (NIETZSCHE, 1971, p. 111). Heidegger confirma: "Não existe linguagem natural no sentido de que a linguagem constituiria uma natureza humana, isenta de destino, simplesmente dada e existente" (HEIDEGGER, 2004c, p. 213).

Retomar a poesia e a sofística significa, então, reconhecer, no que concerne à filosofia, "a peculiaridade, com que a questão do Ser se vincula intimamente à investigação sobre a palavra" (HEIDEGGER, 1987, p. 115). Heidegger parece retomar essa tradição, no projeto que se propõe, ao abordar a questão da linguagem. Como diz ele: "Não queremos fundamentar a linguagem com base em outra coisa do que ela mesma nem esclarecer outras coisas através da linguagem" (HEIDEGGER, 2004a, p. 9).

O *Íon* é certamente o lugar inaugural em que todas essas questões se colocam pela primeira vez para o pensamento, ao mesmo tempo que algo de fundamental é decidido acerca da relação entre as palavras e as coisas, e também entre a filosofia e a poesia.

Referências

ALLIEZ, Eric. Ontologie et logographie. La pharmacie, Platon et le simulacre. In: *Nos grecs et leurs modernes*. Textes réunis par Barbara Cassin. Paris: Seuil, 1992, p. 221. (Collection Chemins de Pensée.)

CANTO, Monique. Introduction. In: PLATON. *Ion*. Traduit par Monique Canto. Paris: Flammarion, 1989.

FLORESCU, Vasile. La genèse de la rhétorique. In: *La rhétorique et la néo-rhétorique*. Traduit du roumain par Melania Munteanu. Paris: Belles Lettres, 1982. C. 2.

HEIDEGGER, M. A linguagem. In: *A caminho da linguagem*. Tradução de Marcia Sá Cavalcante Schuback. Petrópolis: Vozes; Bragança Paulista: São Francisco, 2004a.

HEIDEGGER, M. De uma conversa sobre a linguagem entre um japonês e um pensador. Tradução de Emmanuel Carneiro Leão. In: *A caminho da linguagem*. Tradução de Marcia Sá Cavalcante Schuback.

Petrópolis, RJ: Vozes; Bragança Paulista, SP: São Francisco, 2004b. (Coleção Pensamento Humano.)

HEIDEGGER, M. *Introdução à Metafísica*. Tradução de Emmanuel Carneiro Leão. Rio de Janeiro: Tempo Brasileiro, 1987. p. 115. (Biblioteca Tempo Universitário.)

HEIDEGGER, M. O caminho para a linguagem. In: *A caminho da linguagem*. Tradução de Marcia Sá Cavalcante Schuback. Petrópolis: Vozes; Bragança Paulista: São Francisco, 2004c.

HEIDEGGER, M. O dito de Anaximandro. In: *Caminhos de Floresta*. Tradução de Irene Borges-Duarte *et. al.* Lisboa: Calouste Gulbenkian, 2002a.

HEIDEGGER, M. Para quê poetas? In: *Caminhos de Floresta*. Tradução de Irene Borges-Duarte *et. al.* Lisboa: Calouste Gulbenkian, 2002b.

ISOCRATE. *Panathénaïque*. *Apud* MÉRIDIER, Louis. Notice. In: PLATON. *Ion-Ménexène-Euthydème*. Établit et traduit par Louis Méridier. Paris: Belles Lettres, 1970. (Oeuvres Complètes. Collection des Universités de France.)

KERFERD, G. B. The Meaning of the Term Sophist. In: *The Sophistic Movement*. Cambridge: Cambridge University Press, 1981.

MÉRIDIER, Louis. Notice. In: PLATON. *Ion-Ménexène-Euthydème*. Établit et traduit par Louis Méridier. Paris: Belles Lettres, 1970. (Oeuvres Complètes. Collection des Universités de France.)

MOST, G. W. Sophistique et Herméneutique. In: *Positions de la Sophistique*. Edité par Barbara Cassin. Paris: Vrin, 1986. (Colloque de Cerisy. Bibliothèque d'Histoire de la Philosophie.)

NIETZSCHE, F. Rhétorique et Langage. In: *Poétique*. Paris: Seuil, 1971. n. 5. (Revue de théorie et d'analyse littéraires.)

OLIVEIRA, Cláudio. *Acerca de Linguagem e de Sofística: uma discussão com Platão e Heidegger*. Dissertação (Mestrado) – Rio de Janeiro: Universidade Federal do Rio de Janeiro, 1994.

PAES, Carmen L. M. *Górgias ou a Revolução da Retórica*. Tese (Doutorado) – Rio de Janeiro: Universidade Federal do Rio de Janeiro, 1989.

PLATON. *Gorgias*. Établi et traduit par A. Croiset. Paris: Belles Lettres, 1972. t. 3. (Oeuvres Complètes. Collection des Universités de France.)

PLATON. *Ion-Ménexène-Euthydème*. Établit et traduit par Louis Méridier. Paris: Belles Lettres, 1970. (Oeuvres Complètes. Collection des Universités de France.)

PLATON. *La République*. Établi et traduit par Émile Chambry. Paris: Belles Lettres, 1949. t. 7. (Oeuvres Complètes. Collection des Universités de France.)

PLATON. *Le Sophiste*. Établi et traduit par Auguste Diès. Paris: Belles Lettres, 1925. t. 8. (Oeuvres Complètes. Collection des Universités de France.)

PLATON. *Ménon*. Établi et traduit par A. Croiset. Paris: Belles Lettres, 1972. t. 3. (Oeuvres Complètes. Collection des Universités de France.)

PLATON. *Phèdre*. Établi par Cláudio Moreschini et traduit par Paul Vicaire. Paris: Belles Lettres, 1985. (Oeuvres Complètes. Collection des Universités de France.)

PLATON. *Protágoras*. Établi et traduit par A. Croiset. Paris: Belles Lettres, 1967. t. 3. (Oeuvres Complètes. Collection des Universités de France.)

STÄLIN, F. Die Stellung der Poesie in der platonischen Philosophie, 1901. *Apud* MÉRIDIER, Louis. Notice. In: PLATON. *Ion-Ménexène-Euthydème*. Établit et traduit par Louis Méridier. Paris: Belles Lettres, 1970. (Oeuvres Complètes. Collection des Universités de France.)

Nota do tradutor

Nascida de um pedido de Alberto Pucheu, esta tradução do *Íon* se quis desde o início como um exercício lúdico de trazer para o português o sabor rigoroso do grego de Platão. O esforço foi duplo: aproximar o máximo possível a língua portuguesa (sem perda para esta última) da língua grega, mas, além disso, aproximar a tradução o máximo possível do modo como Platão habita essa língua, do modo como, na aurora do pensamento, ele faz a filosofia habitar essa língua, ao mesmo tempo que a faz habitar pela primeira vez uma língua, *tout court* (e nessa tarefa esta tradução se quis uma rapsódia de Platão, como Íon se quer um rapsodo de Homero). Era preciso que as marcas dessa habitação inaugural viessem à tona numa tradução para o português ao menos tanto quanto elas são visíveis no texto grego de Platão. Para tanto, foi indispensável ao tradutor que ele tivesse passado por uma longa experiência de aprendizado junto à professora Carmen Lúcia Magalhães Paes, experiência que consistiu na leitura atenta, ao longo de muitos anos, desde a graduação até o doutorado, dos diálogos de Platão, partindo da aposta de que os diálogos de Platão (mas também a filosofia como um todo) são acima de tudo um texto. Tal aprendizado significou valorizar esse texto ao máximo, de tal modo que a textualidade da filosofia e a da filosofia de Platão, em especial, estivessem em primeiro lugar uma vez que buscássemos "compreender" essa filosofia, que não existe para além desse texto. Tal “compreensão”mostrou-se, sobretudo, na *compreensão* do texto, o que implicava não se satisfazer com uma tradução do conteúdo, do significado do texto, supondo que fosse possível chegar até esse significado sem passar por sua textualidade. Era preciso, de algum modo, traduzir o próprio texto que não consiste apenas em seu significado (basta ler Platão para se dar conta disso, e o *Íon* é um excelente exemplo), mas, sobretudo, no jogo armado entre seus significantes, verdadeiro lugar do exercício filosófico platônico. Como traduzir, para o português, a materialidade do jogo significante em Platão? Como trazer não só o jogo semântico, o jogo gramatical, o jogo sintático, mas também o jogo significante do texto de Platão para uma tradução em língua portuguesa? Estes foram os desafios desta tradução que ora se oferece ao leitor brasileiro. Entre as várias traduções do *Íon* compulsadas por este tradutor, a única que parece ter-se proposto a uma tarefa semelhante é a de Friedrich Schleiermacher (PLATON. *Sämtliche Werke*. Reinbeck bei Hamburg: Rowohlt Taschenbuch Verlag, 1960), que funcionou para nós como um paradigma a ser perseguido.

Tomei como edição do texto grego do *Íon* a edição de John Burnet (PLATO. Ion. In: *Platonis Opera*. Oxford: Oxford University Press, s.d. v. III, p. 530-542.), que reproduzimos ao lado da tradução, para uma melhor avaliação do sucesso da empreitada mas também para o estudo do leitor interessado.

Agradeço afetivamente a Alberto Pucheu por ter-me pedido que traduzisse o *Íon* e pela longa amizade surgida, em seu início, em torno do amor ao texto de Platão; e agradeço também, enormemente, a Jaa Torrano, que generosamente leu uma primeira versão desta tradução e a enriqueceu terrivelmente com suas observações, pelas quais este tradutor jamais poderá ser suficientemente grato. A tradução, eu a dedico a Carmen Lúcia Magalhães Paes, que caminha pelos labirínticos textos de Platão como um Minotauro.

Íon

Texto grego e tradução

ΙΩΝ

St. I

530 ΣΩΚΡΑΤΗΣ ΙΩΝ

a ΣΩ. Τὸν Ἴωνα χαίρειν. πόθεν τὰ νῦν ἡμῖν ἐπιδεδήμηκας; ἢ οἴκοθεν ἐξ Ἐφέσου;

ΙΩΝ. Οὐδαμῶς, ὦ Σώκρατες, ἀλλ' ἐξ Ἐπιδαύρου ἐκ τῶν Ἀσκληπιείων.

ΣΩ. Μῶν καὶ ῥαψῳδῶν ἀγῶνα τιθέασιν τῷ θεῷ οἱ Ἐπιδαύριοι;

ΙΩΝ. Πάνυ γε, καὶ τῆς ἄλλης γε μουσικῆς.

ΣΩ. Τί οὖν; ἠγωνίζου τι ἡμῖν; καὶ πῶς τι ἠγωνίσω;

b ΙΩΝ. Τὰ πρῶτα τῶν ἄθλων ἠνεγκάμεθα, ὦ Σώκρατες.

ΣΩ. Εὖ λέγεις· ἄγε δὴ ὅπως καὶ τὰ Παναθήναια νικήσομεν.

ΙΩΝ. Ἀλλ' ἔσται ταῦτα, ἐὰν θεὸς ἐθέλῃ.

ΣΩ. Καὶ μὴν πολλάκις γε ἐζήλωσα ὑμᾶς τοὺς ῥαψῳδούς, ὦ Ἴων, τῆς τέχνης· τὸ γὰρ ἅμα μὲν τὸ σῶμα κεκοσμῆσθαι ἀεὶ πρέπον ὑμῶν εἶναι τῇ τέχνῃ καὶ ὡς καλλίστοις φαίνεσθαι, ἅμα δὲ ἀναγκαῖον εἶναι ἔν τε ἄλλοις ποιηταῖς διατρίβειν πολλοῖς καὶ ἀγαθοῖς καὶ δὴ καὶ μάλιστα ἐν Ὁμήρῳ,
c τῷ ἀρίστῳ καὶ θειοτάτῳ τῶν ποιητῶν, καὶ τὴν τούτου διάνοιαν ἐκμανθάνειν, μὴ μόνον τὰ ἔπη, ζηλωτόν ἐστιν. οὐ γὰρ ἂν γένοιτό ποτε ἀγαθὸς ῥαψῳδός, εἰ μὴ συνείη τὰ

a 7 γε T W f : τε F a 8 τί ἡμῖν T W : τε ἡμῖν F b 6 κεκοσμῆσθαι secl. Schanz b 7 καλλίστοις T W F : καλλίστους corr. Par. 1812 c 2 ἀγαθὸς ῥαψῳδός F : ῥαψῳδός T W συνείη F : συνιείη W f : συνίη T

ÍON

St. I

Sócrates Íon 530

Sócrates. Boas vindas ao Íon! De onde tu vieste agora a
para nos visitar? Ou vens de casa, de Éfeso?

Íon. De modo algum, Sócrates, mas de Epidauro, das Asclepíades.

Sócrates. E instituem, para o deus, uma disputa de rapsodos, os de Epidauro?–

Íon. Mas certamente, e também de todas as outras artes das Musas.

Sócrates. E então? Disputaste para nós? E como foste na disputa?

Íon. Trouxemos o primeiro prêmio, Sócrates. b

Sócrates. Boas palavras! Tratemos de vencer também as Panateneias.

Íon. Mas assim será, se um deus desejar.

Sócrates. Com efeito, muitas vezes invejei-vos, os rapsodos, Íon, pela vossa técnica. Pois tanto o ser conveniente, a vós, por meio da técnica, ornar[1] o corpo e parecer o mais belo possível quanto ser necessário viver na companhia de outros poetas, muitos e bons – e mais que todos de Homero,
o melhor e mais divino dos poetas –, e saber de cor seu pen- c
samento, não apenas as suas palavras, é invejável. Pois ninguém se tornaria jamais um bom rapsodo se não compreendesse

λεγόμενα ὑπὸ τοῦ ποιητοῦ. τὸν γὰρ ῥαψῳδὸν ἑρμηνέα δεῖ
τοῦ ποιητοῦ τῆς διανοίας γίγνεσθαι τοῖς ἀκούουσι· τοῦτο δὲ
καλῶς ποιεῖν μὴ γιγνώσκοντα ὅτι λέγει ὁ ποιητὴς ἀδύνατον.
ταῦτα οὖν πάντα ἄξια ζηλοῦσθαι.

ΙΩΝ. Ἀληθῆ λέγεις, ὦ Σώκρατες· ἐμοὶ γοῦν τοῦτο
πλεῖστον ἔργον παρέσχεν τῆς τέχνης, καὶ οἶμαι κάλλιστα
ἀνθρώπων λέγειν περὶ Ὁμήρου, ὡς οὔτε Μητρόδωρος ὁ
d Λαμψακηνὸς οὔτε Στησίμβροτος ὁ Θάσιος οὔτε Γλαύκων
οὔτε ἄλλος οὐδεὶς τῶν πώποτε γενομένων ἔσχεν εἰπεῖν οὕτω
πολλὰς καὶ καλὰς διανοίας περὶ Ὁμήρου ὅσας ἐγώ.

ΣΩ. Εὖ λέγεις, ὦ Ἴων· δῆλον γὰρ ὅτι οὐ φθονήσεις
μοι ἐπιδεῖξαι.

ΙΩΝ. Καὶ μὴν ἄξιόν γε ἀκοῦσαι, ὦ Σώκρατες, ὡς εὖ
κεκόσμηκα τὸν Ὅμηρον· ὥστε οἶμαι ὑπὸ Ὁμηριδῶν ἄξιος
εἶναι χρυσῷ στεφάνῳ στεφανωθῆναι.

ΣΩ. Καὶ μὴν ἐγὼ ἔτι ποιήσομαι σχολὴν ἀκροάσασθαί
531a σου, νῦν δέ μοι τοσόνδε ἀπόκριναι· πότερον περὶ Ὁμήρου
μόνον δεινὸς εἶ ἢ καὶ περὶ Ἡσιόδου καὶ Ἀρχιλόχου;

ΙΩΝ. Οὐδαμῶς, ἀλλὰ περὶ Ὁμήρου μόνον· ἱκανὸν γάρ
μοι δοκεῖ εἶναι.

ΣΩ. Ἔστι δὲ περὶ ὅτου Ὅμηρός τε καὶ Ἡσίοδος ταὐτὰ
λέγετον;—ΙΩΝ. Οἶμαι ἔγωγε καὶ πολλά.—ΣΩ. Πότερον
οὖν περὶ τούτων κάλλιον ἂν ἐξηγήσαιο ἃ Ὅμηρος λέγει
ἢ ἃ Ἡσίοδος;—ΙΩΝ. Ὁμοίως ἂν περί γε τούτων, ὦ
b Σώκρατες, περὶ ὧν ταὐτὰ λέγουσιν.—ΣΩ. Τί δὲ ὧν
πέρι μὴ ταὐτὰ λέγουσιν; οἷον περὶ μαντικῆς λέγει τι
Ὅμηρός τε καὶ Ἡσίοδος.—ΙΩΝ. Πάνυ γε.—ΣΩ. Τί
οὖν; ὅσα τε ὁμοίως καὶ ὅσα διαφόρως περὶ μαντικῆς
λέγετον τὼ ποιητὰ τούτω, πότερον σὺ κάλλιον ἂν ἐξη-

c 7 ἐμοὶ γοῦν W F : ἐμοί γ' οὖν T   c 9 ὡς] ὥστ' H. Richards
d 1 Γλαύκων] Γλαῦκος Sydenham   d 6 γε F : om. T W
d 9 ἀκροάσασθαι F : ἀκροᾶσθαι T W   a 2 μόνον δεινὸς εἶ ἢ
T W : δεινὸς εἴη μόνον F (ἢ post εἴη add. f)   a 3 γάρ T W f :
om. F

as coisas ditas pelo poeta. Pois deve o rapsodo se tornar, para os ouvintes, intérprete do pensamento do poeta. Porém, fazer isso bem, sem conhecer o que diz o poeta, é impossível. Todas essas coisas são sem dúvida dignas de ser invejadas.

Íon. Dizes a verdade, Sócrates. A mim, ao menos, essa parte da técnica é a que dá o maior trabalho e, dentre os homens, creio ser aquele que fala as mais belas coisas acerca de
Homero, e nem Metrodoro de Lâmpsaco, nem Estesímbroto d
de Taso, nem Gláucon, nem nenhum outro dos que algum dia existiram foram capazes de recitar tantos e tão belos pensamentos acerca de Homero quanto eu.

Sócrates. Dizes bem, Íon! É evidente então que não te furtarás a te exibir para mim.

Íon. Com efeito, é digno de ouvir, Sócrates, como arranjei[2] bem Homero. A tal ponto que creio ser digno de ser coroado pelos homéridas com uma coroa de ouro.

Sócrates. Com efeito, eu ainda me darei o ócio de te
escutar. Mas agora me responda só isto: és terrível[3] apenas em 531a
Homero ou também em Hesíodo e Arquíloco?

Íon. De modo algum, mas apenas em Homero, pois a mim parece ser o bastante.

Sócrates. Mas existe algo acerca de que Homero e Hesíodo dizem ambos as mesmas coisas? **Íon.** É o que eu creio, e muitas. **Sócrates.** Pois bem, acerca destas, farias uma melhor exegese daquelas de que fala Homero ou daquelas de que fala Hesíodo? **Íon.** Faria do mesmo modo, Sócrates, mas
apenas acerca daquelas, sobre as quais eles dizem as mesmas b
coisas. **Sócrates.** Mas e daquelas acerca das quais eles não dizem as mesmas coisas? Por exemplo, acerca da adivinhação falam algo tanto Homero quanto Hesíodo. **Íon.** Certamente. **Sócrates.** E então? Tanto das coisas das quais falam de modo semelhante quanto das que falam de modo diferente, acerca da adivinhação, esses dois poetas, tu farias melhor exegese ou um

γήσαιο ἢ τῶν μάντεών τις τῶν ἀγαθῶν;—ΙΩΝ. Τῶν μάντεων.—ΣΩ. Εἰ δὲ σὺ ἦσθα μάντις, οὐκ, εἴπερ περὶ τῶν ὁμοίως λεγομένων οἷός τ' ἦσθα ἐξηγήσασθαι, καὶ περὶ τῶν διαφόρως λεγομένων ἠπίστω ἂν ἐξηγεῖσθαι;—ΙΩΝ. Δῆλον ὅτι.

c ΣΩ. Τί οὖν ποτε περὶ μὲν Ὁμήρου δεινὸς εἶ, περὶ δὲ Ἡσιόδου οὔ, οὐδὲ τῶν ἄλλων ποιητῶν; ἢ Ὅμηρος περὶ ἄλλων τινῶν λέγει ἢ ὧνπερ σύμπαντες οἱ ἄλλοι ποιηταί; οὐ περὶ πολέμου τε τὰ πολλὰ διελήλυθεν καὶ περὶ ὁμιλιῶν πρὸς ἀλλήλους ἀνθρώπων ἀγαθῶν τε καὶ κακῶν καὶ ἰδιωτῶν καὶ δημιουργῶν, καὶ περὶ θεῶν πρὸς ἀλλήλους καὶ πρὸς ἀνθρώπους ὁμιλούντων, ὡς ὁμιλοῦσι, καὶ περὶ τῶν οὐρανίων παθημάτων καὶ περὶ τῶν ἐν Ἅιδου, καὶ γενέσεις καὶ θεῶν
d καὶ ἡρώων; οὐ ταῦτά ἐστι περὶ ὧν Ὅμηρος τὴν ποίησιν πεποίηκεν;

ΙΩΝ. Ἀληθῆ λέγεις, ὦ Σώκρατες.

ΣΩ. Τί δὲ οἱ ἄλλοι ποιηταί; οὐ περὶ τῶν αὐτῶν τούτων;

ΙΩΝ. Ναί, ἀλλ', ὦ Σώκρατες, οὐχ ὁμοίως πεποιήκασι καὶ Ὅμηρος.

ΣΩ. Τί μήν; κάκιον;

ΙΩΝ. Πολύ γε.

ΣΩ. Ὅμηρος δὲ ἄμεινον;

ΙΩΝ. Ἄμεινον μέντοι νὴ Δία.

ΣΩ. Οὐκοῦν, ὦ φίλη κεφαλὴ Ἴων, ὅταν περὶ ἀριθμοῦ πολλῶν λεγόντων εἷς τις ἄριστα λέγῃ, γνώσεται δήπου τις
e τὸν εὖ λέγοντα;—ΙΩΝ. Φημί.—ΣΩ. Πότερον οὖν ὁ αὐτὸς ὅσπερ καὶ τοὺς κακῶς λέγοντας, ἢ ἄλλος;—ΙΩΝ. Ὁ αὐτὸς δήπου.—ΣΩ. Οὐκοῦν ὁ τὴν ἀριθμητικὴν τέχνην ἔχων οὗτός ἐστιν;—ΙΩΝ. Ναί.—ΣΩ. Τί δ'; ὅταν πολλῶν λεγόντων περὶ ὑγιεινῶν σιτίων ὁποῖά ἐστιν, εἷς τις ἄριστα λέγῃ, πότερον ἕτερος μέν τις τὸν ἄριστα λέγοντα γνώσεται ὅτι

c 7 ὡς ὁμιλοῦσι secl. Cobet

bom adivinho? **Íon.** Um adivinho. **Sócrates.** E se tu fosses um adivinho, não saberias tu fazer a exegese das coisas de que eles falam de modo diferente, se tu estivesses em condições de ter feito a exegese das coisas de que eles falam de modo semelhante? **Íon.** É evidente que sim.

Sócrates. Por que, então, és terrível em Homero, mas em c
Hesíodo e nos outros poetas, não? Ou Homero fala acerca de
coisas totalmente diferentes daquelas de que falam todos os outros
poetas? Não é acerca da guerra que ele discorre na maior parte
das vezes e acerca das relações dos homens uns com os outros,
tanto dos bons quanto dos maus, tanto dos leigos[4] quanto dos
peritos, e acerca de deuses em suas relações uns com os outros e
com os homens, e acerca de como eles se relacionam, e acerca
dos acontecimentos celestes, e acerca dos acontecimentos no
Hades, e da gênese tanto de deuses como de heróis? Não são d
essas coisas aquelas acerca das quais Homero fez sua poesia?[5]

Íon. Dizes a verdade, Sócrates.

Sócrates. Mas, então? Os outros poetas não falam dessas mesmas coisas?

Íon. Sim, mas, Sócrates, eles não fizeram poemas[6] do mesmo modo que Homero.

Sócrates. Como assim? Pior?

Íon. Muito pior.

Sócrates. E Homero é melhor?

Íon. Melhor, é claro, por Zeus.

Sócrates. Mas, então, ó querido Íon, quando, falando
muitas pessoas acerca de números, uma certa pessoa falar coisas
melhores, alguém reconhecerá sem dúvida aquela que fala bem? e
Íon. É o que digo. **Sócrates.** Exatamente a mesma pessoa
que reconhecerá também as que falam mal ou outra? **Íon.**
A mesma, é claro. **Sócrates.** Mas, então, essa pessoa é aquela
que tem a técnica aritmética? **Íon.** Sim. **Sócrates.** Como
assim? Quando, muitas pessoas falando acerca de quais são
os alimentos saudáveis, uma delas falar coisas melhores, esta
que falar coisas melhores reconhecerá aquela que fala coisas

ἄριστα λέγει, ἕτερος δὲ τὸν κάκιον ὅτι κάκιον, ἢ ὁ αὐτός;—
ΙΩΝ. Δῆλον δήπου, ὁ αὐτός.—ΣΩ. Τίς οὗτος; τί ὄνομα
αὐτῷ;—ΙΩΝ. Ἰατρός.—ΣΩ. Οὐκοῦν ἐν κεφαλαίῳ λέγομεν
ὡς ὁ αὐτὸς γνώσεται ἀεί, περὶ τῶν αὐτῶν πολλῶν λεγόν-
532a των, ὅστις τε εὖ λέγει καὶ ὅστις κακῶς· ἢ εἰ μὴ γνώσεται
τὸν κακῶς λέγοντα, δῆλον ὅτι οὐδὲ τὸν εὖ, περί γε τοῦ
αὐτοῦ.—ΙΩΝ. Οὕτως.—ΣΩ. Οὐκοῦν ὁ αὐτὸς γίγνεται δεινὸς
περὶ ἀμφοτέρων;—ΙΩΝ. Ναί.—ΣΩ. Οὐκοῦν σὺ φῄς καὶ
Ὅμηρον καὶ τοὺς ἄλλους ποιητάς, ἐν οἷς καὶ Ἡσίοδος καὶ
Ἀρχίλοχός ἐστιν, περί γε τῶν αὐτῶν λέγειν, ἀλλ' οὐχ
ὁμοίως, ἀλλὰ τὸν μὲν εὖ γε, τοὺς δὲ χεῖρον;—ΙΩΝ. Καὶ
ἀληθῆ λέγω.—ΣΩ. Οὐκοῦν, εἴπερ τὸν εὖ λέγοντα γιγνώ-
b σκεις, καὶ τοὺς χεῖρον λέγοντας γιγνώσκοις ἂν ὅτι χεῖρον
λέγουσιν.—ΙΩΝ. Ἔοικέν γε.—ΣΩ. Οὐκοῦν, ὦ βέλτιστε,
ὁμοίως τὸν Ἴωνα λέγοντες περὶ Ὁμήρου τε δεινὸν εἶναι καὶ
περὶ τῶν ἄλλων ποιητῶν οὐχ ἁμαρτησόμεθα, ἐπειδή γε
αὐτὸς ὁμολογῇ τὸν αὐτὸν ἔσεσθαι κριτὴν ἱκανὸν πάντων
ὅσοι ἂν περὶ τῶν αὐτῶν λέγωσι, τοὺς δὲ ποιητὰς σχεδὸν
ἅπαντας τὰ αὐτὰ ποιεῖν.

ΙΩΝ. Τί οὖν ποτε τὸ αἴτιον, ὦ Σώκρατες, ὅτι ἐγώ, ὅταν
μέν τις περὶ ἄλλου του ποιητοῦ διαλέγηται, οὔτε προσέχω
c τὸν νοῦν ἀδυνατῶ τε καὶ ὁτιοῦν συμβαλέσθαι λόγου ἄξιον,
ἀλλ' ἀτεχνῶς νυστάζω, ἐπειδὰν δέ τις περὶ Ὁμήρου μνησθῇ,
εὐθύς τε ἐγρήγορα καὶ προσέχω τὸν νοῦν καὶ εὐπορῶ ὅτι
λέγω;

ΣΩ. Οὐ χαλεπὸν τοῦτό γε εἰκάσαι, ὦ ἑταῖρε, ἀλλὰ παντὶ
δῆλον ὅτι τέχνῃ καὶ ἐπιστήμῃ περὶ Ὁμήρου λέγειν ἀδύνατος
εἶ· εἰ γὰρ τέχνῃ οἷός τε ἦσθα, καὶ περὶ τῶν ἄλλων ποιητῶν
ἁπάντων λέγειν οἷός τ' ἂν ἦσθα· ποιητικὴ γάρ πού ἐστιν
τὸ ὅλον. ἢ οὔ;

e 7 ὁ αὐτός F : αὐτός T W : αὑτός Schanz e 9 λέγομεν ὡς W f : λεγόμενος F : λέγωμεν ὡς T e 10 ὁ T W : om. F a 7 εὖ γε T W F : εὖ S b 6 λέγωσι T F : λέγουσι W b 8 τὸ αἴτιον T W : τ' αἴτιον F c 8 ἁπάντων λέγειν T F : om. W

melhores, e uma outra que falar as coisas piores, aquela que
fala as piores, ou a mesma? **Íon.** Parece evidente: a mesma.
Sócrates. Quem é esta pessoa? Que nome damos a ela?
Íon. Médico. **Sócrates.** Mas, então, em suma, digamos que
a mesma pessoa reconhecerá, sempre, muitos falando das
mesmas coisas, tanto quem fala bem quanto quem fala mal; **532a**
ou, se ela não reconhecer aquele que fala mal, é evidente que
nem o que fala bem, acerca da mesma coisa, ela reconhecerá.
Íon. Assim é. **Sócrates.** Mas, então, a mesma pessoa se torna
terrível em ambas as coisas? **Íon.** Sim. **Sócrates.** Mas, então,
tu afirmas que tanto Homero quanto os outros poetas, entre
os quais estão Hesíodo e Arquíloco, falam acerca das mesmas
coisas, mas não do mesmo modo, um bem, e os outros menos
bem? **Íon.** E digo a verdade. **Sócrates.** Mas, então, se tu re-
conheces aquele que fala bem, também reconhecerias que os **b**
que falam mal falam mal. **Íon.** É verossímil, não é? **Sócrates.**
Mas, então, ó caríssimo, afirmando ser Íon igualmente terrível
em Homero e nos outros poetas, não nos enganaremos, uma
vez que ele mesmo concorde que a mesma pessoa será juiz[7]
suficiente de todos que falarem das mesmas coisas, e os poetas
fazem poemas[8] em relação às mesmas coisas.

Íon. Mas, então, qual é a causa, Sócrates, de eu, quando
alguém discorre acerca de outro poeta, nem prestar atenção,
nem ser capaz de contribuir com algo digno de ser dito, mas **c**
simplesmente[9] cair no sono, ao passo que, se alguém faz men-
ção de Homero, eu acordo imediatamente e presto atenção
e sou desembaraçado[10] para falar?

Sócrates. Isso não é difícil de imaginar, meu amigo, mas é evidente a todos que és incapaz de falar acerca de Homero em virtude de uma técnica[11] e de uma ciência; pois, se fosses tal em virtude de uma técnica, também acerca de todos os outros poetas serias capaz de falar; pois, suponho, uma técnica poética leva em consideração o todo.[12] Ou não?

ΙΩΝ. Ναί.
d ΣΩ. Οὐκοῦν ἐπειδὰν λάβῃ τις καὶ ἄλλην τέχνην ἡντι-
νοῦν ὅλην, ὁ αὐτὸς τρόπος τῆς σκέψεως ἔσται περὶ ἁπασῶν
τῶν τεχνῶν; πῶς τοῦτο λέγω, δέῃ τί μου ἀκοῦσαι, ὦ Ἴων;
ΙΩΝ. Ναὶ μὰ τὸν Δία, ὦ Σώκρατες, ἔγωγε· χαίρω γὰρ
ἀκούων ὑμῶν τῶν σοφῶν.
ΣΩ. Βουλοίμην ἄν σε ἀληθῆ λέγειν, ὦ Ἴων· ἀλλὰ σοφοὶ
μέν πού ἐστε ὑμεῖς οἱ ῥαψῳδοὶ καὶ ὑποκριταὶ καὶ ὧν ὑμεῖς
ᾄδετε τὰ ποιήματα, ἐγὼ δὲ οὐδὲν ἄλλο ἢ τἀληθῆ λέγω,
e οἷον εἰκὸς ἰδιώτην ἄνθρωπον. ἐπεὶ καὶ περὶ τούτου οὗ νῦν
ἠρόμην σε, θέασαι ὡς φαῦλον καὶ ἰδιωτικόν ἐστι καὶ παντὸς
ἀνδρὸς γνῶναι ὃ ἔλεγον, τὴν αὐτὴν εἶναι σκέψιν, ἐπειδάν
τις ὅλην τέχνην λάβῃ. λάβωμεν γὰρ τῷ λόγῳ· γραφικὴ
γάρ τίς ἐστι τέχνη τὸ ὅλον;—ΙΩΝ. Ναί.—ΣΩ. Οὐκοῦν
καὶ γραφῆς πολλοὶ καὶ εἰσὶ καὶ γεγόνασιν ἀγαθοὶ καὶ φαῦ-
λοι;—ΙΩΝ. Πάνυ γε.—ΣΩ. Ἤδη οὖν τινα εἶδες ὅστις περὶ
μὲν Πολυγνώτου τοῦ Ἀγλαοφῶντος δεινός ἐστιν ἀποφαί-
νειν ἃ εὖ τε γράφει καὶ ἃ μή, περὶ δὲ τῶν ἄλλων γραφέων
533a ἀδύνατος; καὶ ἐπειδὰν μέν τις τὰ τῶν ἄλλων ζωγράφων
ἔργα ἐπιδεικνύῃ, νυστάζει τε καὶ ἀπορεῖ καὶ οὐκ ἔχει ὅτι
συμβάληται, ἐπειδὰν δὲ περὶ Πολυγνώτου ἢ ἄλλου ὅτου
βούλει τῶν γραφέων ἑνὸς μόνου δέῃ ἀποφήνασθαι γνώμην,
ἐγρήγορέν τε καὶ προσέχει τὸν νοῦν καὶ εὐπορεῖ ὅτι εἴπῃ;—
ΙΩΝ. Οὐ μὰ τὸν Δία, οὐ δῆτα.—ΣΩ. Τί δέ; ἐν ἀνδριαντο-
ποιίᾳ ἤδη τιν᾽ εἶδες ὅστις περὶ μὲν Δαιδάλου τοῦ Μητίονος
b ἢ Ἐπειοῦ τοῦ Πανοπέως ἢ Θεοδώρου τοῦ Σαμίου ἢ ἄλλου
τινὸς ἀνδριαντοποιοῦ ἑνὸς πέρι δεινός ἐστιν ἐξηγεῖσθαι ἃ
εὖ πεποίηκεν, ἐν δὲ τοῖς τῶν ἄλλων ἀνδριαντοποιῶν ἔργοις
ἀπορεῖ τε καὶ νυστάζει, οὐκ ἔχων ὅτι εἴπῃ;—ΙΩΝ. Οὐ μὰ

d 2 ἔσται F: ἐστι TW d 7 ὑποκριταὶ F: οἱ ὑποκριταὶ TW d 8 τὰ TW: om. F τἀληθῆ TWF: τὰ πλήθη Madvig: εὐήθη Schanz: εὐτελῆ vel τὰ εὐτελῆ H. Richards e 1 νῦν] νυνδὴ Schanz e 5 ναί TF: om. W a 2 ἔχει WFt: ἔχῃ T a 4 μόνου secl. Naber

Íon. Sim.

Sócrates. Mas, então, quando alguém leva em conside- d
ração uma outra técnica toda qualquer, existe o mesmo tipo de investigação acerca de todas as técnicas? Queres ouvir de mim, Íon, em que sentido eu falo isso?

Íon. Sim, mas, por Zeus, Sócrates, é claro que eu quero! Eu tenho grande prazer de ouvir-vos, os sábios.

Sócrates. Gostaria que o que tu falas fosse verdade, Íon, mas sábios, suponho, sois vós, os rapsodos e os atores e aqueles cujos poemas vós cantais, enquanto eu não falo nada além da verdade, como convém a um leigo.[13] E nesse sentido, acerca e
daquilo que agora mesmo eu te perguntei, considera como é medíocre e digno de um leigo[14] e como todo homem é capaz de entender o que eu estava dizendo: que é a mesma investigação, quando alguém leva em consideração uma técnica toda. Entendamos, pois, através desta questão: a técnica da pintura é, então, uma técnica que leva em consideração o todo?[15] **Íon.** Sim. **Sócrates.** Mas, então, pintores existem e existiram muitos, bons e medíocres? **Íon.** Mas certamente. **Sócrates.** Já viste, então, alguém que, em Polignoto, filho de Aglaofonte, é terrível em mostrar as coisas que pinta bem e as que não, mas em os outros pintores é incapaz? E quando alguém exibe as obras 533a
dos outros pintores, ele cai no sono e se sente embaraçado[16] e não tem nenhuma contribuição a dar, mas quando, acerca de Polignoto ou de qualquer outro que queiras, dentre os pintores, de um apenas, é preciso que ele mostre conhecimento, ele acorda e presta atenção e é desembaraçado[17] para falar? **Íon.** Não, por Zeus, é claro que não. **Sócrates.** Como assim? Em escultura, já viste alguém que, acerca de Dédalo, filho de Metíon, ou de Epeu, filho de Panopeu, ou de Teodoro de Samos ou de um b
outro escultor qualquer acerca do qual é terrível em fazer a exegese das coisas que fez[18] bem, mas nas obras dos outros escultores se sente embaraçado[19] e cai no sono e não tem o

τὸν Δία, οὐδὲ τοῦτον ἑώρακα.—ΣΩ. Ἀλλὰ μήν, ὥς γ' ἐγὼ
οἶμαι, οὐδ' ἐν αὐλήσει γε οὐδὲ ἐν κιθαρίσει οὐδὲ ἐν κιθαρῳδίᾳ
οὐδὲ ἐν ῥαψῳδίᾳ οὐδεπώποτ' εἶδες ἄνδρα ὅστις περὶ μὲν
Ὀλύμπου δεινός ἐστιν ἐξηγεῖσθαι ἢ περὶ Θαμύρου ἢ περὶ
c Ὀρφέως ἢ περὶ Φημίου τοῦ Ἰθακησίου ῥαψῳδοῦ, περὶ δὲ
Ἴωνος τοῦ Ἐφεσίου [ῥαψῳδοῦ] ἀπορεῖ καὶ οὐκ ἔχει συμβα-
λέσθαι ἅ τε εὖ ῥαψῳδεῖ καὶ ἃ μή.

ΙΩΝ. Οὐκ ἔχω σοι περὶ τούτου ἀντιλέγειν, ὦ Σώκρατες·
ἀλλ' ἐκεῖνο ἐμαυτῷ σύνοιδα, ὅτι περὶ Ὁμήρου κάλλιστ'
ἀνθρώπων λέγω καὶ εὐπορῶ καὶ οἱ ἄλλοι πάντες μέ φασιν
εὖ λέγειν, περὶ δὲ τῶν ἄλλων οὔ. καίτοι ὅρα τοῦτο τί
ἔστιν.

ΣΩ. Καὶ ὁρῶ, ὦ Ἴων, καὶ ἔρχομαί γέ σοι ἀποφανού-
d μενος ὅ μοι δοκεῖ τοῦτο εἶναι. ἔστι γὰρ τοῦτο τέχνη μὲν
οὐκ ὂν παρὰ σοὶ περὶ Ὁμήρου εὖ λέγειν, ὃ νυνδὴ ἔλεγον,
θεία δὲ δύναμις ἥ σε κινεῖ, ὥσπερ ἐν τῇ λίθῳ ἣν Εὐρι-
πίδης μὲν Μαγνῆτιν ὠνόμασεν, οἱ δὲ πολλοὶ Ἡρακλείαν.
καὶ γὰρ αὕτη ἡ λίθος οὐ μόνον αὐτοὺς τοὺς δακτυλίους ἄγει
τοὺς σιδηροῦς, ἀλλὰ καὶ δύναμιν ἐντίθησι τοῖς δακτυλίοις
ὥστ' αὖ δύνασθαι ταὐτὸν τοῦτο ποιεῖν ὅπερ ἡ λίθος, ἄλλους
e ἄγειν δακτυλίους, ὥστ' ἐνίοτε ὁρμαθὸς μακρὸς πάνυ σιδη-
ρίων καὶ δακτυλίων ἐξ ἀλλήλων ἤρτηται· πᾶσι δὲ τούτοις
ἐξ ἐκείνης τῆς λίθου ἡ δύναμις ἀνήρτηται. οὕτω δὲ καὶ ἡ
Μοῦσα ἐνθέους μὲν ποιεῖ αὐτή, διὰ δὲ τῶν ἐνθέων τούτων
ἄλλων ἐνθουσιαζόντων ὁρμαθὸς ἐξαρτᾶται. πάντες γὰρ οἵ

b 5 ὥς γ' ἐγὼ T W : ὡς ἔγωγε F c 1 ῥαψῳδοῦ secl. Naber c 2 ῥαψῳδου F : om. T W συμβαλέσθαι W F : συμβάλλεσθαι T c 6 με T W : ἐμὲ F c 9 ἔρχομαι F : ἄρχομαι T W ἀποφανούμενος Cobet : ἀποφαινόμενος T W F d 1 τέχνη W F Stobaeus : τέχνῃ T d 2 ὂν T W F : ἂν Stobaeus d 5 ἄγει W F Stobaeus : om. T d 7 αὖ δύνασθαι F : δύνασθαι T W e 1 μακρὸς πάνυ T W F : πάνυ μακρὸς Stobaeus σιδηρίων W F Stobaeus : σιδήρων T : σιδηρῶν Jacobs (secl. mox καὶ) e 2 καὶ δακτυλίων secl. Hermann ἤρτηται T W F : εἴρεται Stobaeus e 4 μὲν T F Stobaeus : om. W αὐτὴ F Stobaeus : αὕτη T W e 5 ἄλλων T W F : ἄλλος Stobaeus οἵ τε T W F : om. Stobaeus

que dizer? **Íon.** Não, por Zeus, nem isso tão pouco eu vi. **Sócrates.** Mas, certamente não, como eu suponho, nem na arte de tocar flauta, nem na de tocar cítara, nem no cantar acompanhado da cítara, nem na rapsódia, nunca viste um homem que, acerca de Olimpo, é terrível em fazer a exegese, ou acerca de Tâmiris ou acerca de Orfeu ou acerca de Fê-
mio, o rapsodo de Ítaca, mas acerca de Íon de Éfeso, se sente **c**
embaraçado e não tem o que dizer em relação às coisas que, na rapsódia, ele faz bem, e às que não.

Íon. Não tenho como te contradizer acerca disso, Sócrates; mas isto, comigo mesmo, sei: que, acerca de Homero, digo as mais belas coisas dentre os homens e sou desembaraçado e todos os outros afirmam que eu falo bem, mas acerca dos outros poetas, não. De qualquer modo, vê o que é isso.

Sócrates. Eu vejo mesmo, Íon, e vou te mostrar o que
isso me parece ser. Pois isso existe, não sendo, todavia, uma **d**
técnica, em você, de falar bem acerca de Homero, como acabei de dizer, mas um poder divino que te move, como na pedra que Eurípides chamou de magnética, mas muitos chamam de pedra de Hércules. Pois essa pedra não apenas atrai os próprios anéis de ferro, mas também coloca nos anéis um poder tal que eles são capazes de fazer isto do mesmo
modo que a pedra: atrair outros anéis; de tal modo que, às **e**
vezes, numa grande série, os anéis de ferro pendem totalmente uns dos outros; mas, para todos, esse poder depende daquela pedra. E também assim a própria Musa cria[20] entusiasmados, e através desses entusiasmados uma série de outros entusiastas é

τε τῶν ἐπῶν ποιηταὶ οἱ ἀγαθοὶ οὐκ ἐκ τέχνης ἀλλ' ἔνθεοι
ὄντες καὶ κατεχόμενοι πάντα ταῦτα τὰ καλὰ λέγουσι ποιή-
ματα, καὶ οἱ μελοποιοὶ οἱ ἀγαθοὶ ὡσαύτως, ὥσπερ οἱ κορυ-
534a βαντιῶντες οὐκ ἔμφρονες ὄντες ὀρχοῦνται, οὕτω καὶ οἱ μελο-
ποιοὶ οὐκ ἔμφρονες ὄντες τὰ καλὰ μέλη ταῦτα ποιοῦσιν,
ἀλλ' ἐπειδὰν ἐμβῶσιν εἰς τὴν ἁρμονίαν καὶ εἰς τὸν ῥυθμόν,
βακχεύουσι καὶ κατεχόμενοι, ὥσπερ αἱ βάκχαι ἀρύονται ἐκ
τῶν ποταμῶν μέλι καὶ γάλα κατεχόμεναι, ἔμφρονες δὲ οὖσαι
οὔ, καὶ τῶν μελοποιῶν ἡ ψυχὴ τοῦτο ἐργάζεται, ὅπερ αὐτοὶ
λέγουσι. λέγουσι γὰρ δήπουθεν πρὸς ἡμᾶς οἱ ποιηταὶ ὅτι
b ἀπὸ κρηνῶν μελιρρύτων ἐκ Μουσῶν κήπων τινῶν καὶ ναπῶν
δρεπόμενοι τὰ μέλη ἡμῖν φέρουσιν ὥσπερ αἱ μέλιτται, καὶ
αὐτοὶ οὕτω πετόμενοι· καὶ ἀληθῆ λέγουσι. κοῦφον γὰρ
χρῆμα ποιητής ἐστιν καὶ πτηνὸν καὶ ἱερόν, καὶ οὐ πρότερον
οἷός τε ποιεῖν πρὶν ἂν ἔνθεός τε γένηται καὶ ἔκφρων καὶ
ὁ νοῦς μηκέτι ἐν αὐτῷ ἐνῇ· ἕως δ' ἂν τουτὶ ἔχῃ τὸ κτῆμα,
ἀδύνατος πᾶς ποιεῖν ἄνθρωπός ἐστιν καὶ χρησμῳδεῖν. ἅτε
οὖν οὐ τέχνῃ ποιοῦντες καὶ πολλὰ λέγοντες καὶ καλὰ περὶ
c τῶν πραγμάτων, ὥσπερ σὺ περὶ Ὁμήρου, ἀλλὰ θείᾳ μοίρᾳ,
τοῦτο μόνον οἷός τε ἕκαστος ποιεῖν καλῶς ἐφ' ὃ ἡ Μοῦσα
αὐτὸν ὥρμησεν, ὁ μὲν διθυράμβους, ὁ δὲ ἐγκώμια, ὁ δὲ
ὑπορχήματα, ὁ δ' ἔπη, ὁ δ' ἰάμβους· τὰ δ' ἄλλα φαῦλος
αὐτῶν ἕκαστός ἐστιν. οὐ γὰρ τέχνῃ ταῦτα λέγουσιν ἀλλὰ
θείᾳ δυνάμει, ἐπεί, εἰ περὶ ἑνὸς τέχνῃ καλῶς ἠπίσταντο
λέγειν, κἂν περὶ τῶν ἄλλων ἁπάντων· διὰ ταῦτα δὲ ὁ θεὸς

e 7 καλὰ T F : κακὰ W e 8 μελοποιοὶ T W f : μὲν λοιποὶ F Stobaeus a 1 καὶ T W Stobaeus : μὲν καὶ F a 4 βακχεύουσι F Stobaeus : καὶ βακχεύουσι T W αἱ βάκχαι T W F : om. Stobaeus ἀρύονται W F Stobaeus : ἀρύτονται T a 5 οὖσαι οὔ T W : οὖσαι F : οὔ Stobaeus a 7 πρὸς T F Stobaeus : παρ' W b 1 ἐκ T W F : ἢ ἐκ Stobaeus b 3 πετόμενοι T W f : πετώμενοι F Stobaeus b 4 ἱερὸν T W F Stobaeus : διερὸν Dobree b 5 ἔνθεός τε T W f : ἔνθεος F Stobaeus b 6 μηκέτι ἐν αὐτῷ T W F : ἐν αὐτῷ μηκέτι Stobaeus b 8 prius καὶ T W : τε καὶ F : secl. Hoenebeek Hissink c 2 καλῶς W F : καλὸς T c 7 ἁπάντων T W : πάντων F Stobaeus

suspensa.[21] Pois todos os poetas de versos épicos, os bons, não
em virtude de técnica, mas estando entusiasmados e possuídos,
é que dizem todos aqueles belos poemas, e os poetas líricos,[22]
os bons, do mesmo modo. Assim como os coribantes não 534a
dançam freneticamente estando em seu juízo,[23] assim também
os poetas líricos não fazem aquelas belas melodias estando
em seu juízo, mas, quando eles embarcam na harmonia e no
ritmo, eles se tornam bacantes e possuídos; como as bacantes
retiram dos rios mel e leite quando estão possuídas, mas não
estando em seu juízo, também a alma dos poetas trabalha
assim, como eles mesmos dizem. Pois os poetas nos dizem –
não é? – que, colhendo de fontes de mel corrente de certos b
jardins e vales das Musas, eles nos trazem as melodias; como
as abelhas,[24] também eles assim voam. E dizem a verdade.
Pois coisa leve é o poeta, e alada e sacra, e incapaz de fazer
poemas antes que se tenha tornado entusiasmado e ficado
fora de seu juízo e o senso[25] não esteja mais nele. Enquanto
mantiver esse bem, o senso, todo homem é incapaz de fazer
poemas[26] e de cantar oráculos. Mas, como não é em virtude
de uma técnica que fazem poemas e dizem muitas e belas
coisas acerca desses assuntos, como tu acerca de Homero, c
mas em virtude de uma concessão divina, cada um é capaz
de fazer apenas isto a que a Musa o inspira: um, ditirambos;
outro, encômios; outro, pantomimas; outro, poemas épicos;
outro, iambos; mas, em relação aos outros gêneros, cada um
deles é medíocre. Pois não dizem essas coisas em virtude de
uma técnica, mas em virtude de um poder divino, uma vez
que, se eles tivessem, em virtude de uma técnica, a ciência
de falar belamente em um gênero, também teriam em todos

ἐξαιρούμενος τούτων τὸν νοῦν τούτοις χρῆται ὑπηρέταις καὶ
d τοῖς χρησμῳδοῖς καὶ τοῖς μάντεσι τοῖς θείοις, ἵνα ἡμεῖς οἱ
ἀκούοντες εἰδῶμεν ὅτι οὐχ οὗτοί εἰσιν οἱ ταῦτα λέγοντες
οὕτω πολλοῦ ἄξια, οἷς νοῦς μὴ πάρεστιν, ἀλλ' ὁ θεὸς αὐτός
ἐστιν ὁ λέγων, διὰ τούτων δὲ φθέγγεται πρὸς ἡμᾶς. μέ-
γιστον δὲ τεκμήριον τῷ λόγῳ Τύννιχος ὁ Χαλκιδεύς, ὃς
ἄλλο μὲν οὐδὲν πώποτε ἐποίησε ποίημα ὅτου τις ἂν ἀξιώ-
σειεν μνησθῆναι, τὸν δὲ παίωνα ὃν πάντες ᾄδουσι, σχεδόν
τι πάντων μελῶν κάλλιστον, ἀτεχνῶς, ὅπερ αὐτὸς λέγει,
e "εὕρημά τι Μοισᾶν." ἐν τούτῳ γὰρ δὴ μάλιστά μοι δοκεῖ
ὁ θεὸς ἐνδείξασθαι ἡμῖν, ἵνα μὴ διστάζωμεν, ὅτι οὐκ ἀνθρώ-
πινά ἐστιν τὰ καλὰ ταῦτα ποιήματα οὐδὲ ἀνθρώπων, ἀλλὰ
θεῖα καὶ θεῶν, οἱ δὲ ποιηταὶ οὐδὲν ἀλλ' ἢ ἑρμηνῆς εἰσιν
τῶν θεῶν, κατεχόμενοι ἐξ ὅτου ἂν ἕκαστος κατέχηται.
ταῦτα ἐνδεικνύμενος ὁ θεὸς ἐξεπίτηδες διὰ τοῦ φαυλοτάτου
535a ποιητοῦ τὸ κάλλιστον μέλος ᾖσεν· ἢ οὐ δοκῶ σοι ἀληθῆ
λέγειν, ὦ Ἴων;

ΙΩΝ. Ναὶ μὰ τὸν Δία, ἔμοιγε· ἅπτει γάρ πώς μου τοῖς λόγοις τῆς ψυχῆς, ὦ Σώκρατες, καί μοι δοκοῦσι θείᾳ μοίρᾳ ἡμῖν παρὰ τῶν θεῶν ταῦτα οἱ ἀγαθοὶ ποιηταὶ ἑρμηνεύειν.

ΣΩ. Οὐκοῦν ὑμεῖς αὖ οἱ ῥαψῳδοὶ τὰ τῶν ποιητῶν ἑρμηνεύετε;

ΙΩΝ. Καὶ τοῦτο ἀληθὲς λέγεις.

ΣΩ. Οὐκοῦν ἑρμηνέων ἑρμηνῆς γίγνεσθε;

ΙΩΝ. Παντάπασί γε.

b ΣΩ. Ἔχε δή μοι τόδε εἰπέ, ὦ Ἴων, καὶ μὴ ἀποκρύψῃ
ὅτι ἄν σε ἔρωμαι· ὅταν εὖ εἴπῃς ἔπη καὶ ἐκπλήξῃς μάλιστα
τοὺς θεωμένους, ἢ τὸν Ὀδυσσέα ὅταν ἐπὶ τὸν οὐδὸν ἐφαλ-
λόμενον ᾄδῃς, ἐκφανῆ γιγνόμενον τοῖς μνηστῆρσι καὶ ἐκ-

d 3 οὕτω T W F : τὰ οὕτω Stobaeus ἀλλ' ὁ T F : ἀλλὰ ὁ Stobaeus : ἀλλὰ W αὐτός ἐστιν T W F : ἐστιν αὐτὸς Stobaeus
d 7 παίωνα T F : παιῶνα W e 1 εὕρημά τι Stephanus : εὑρήματι T W F a 3 γάρ πώς μου T : γάρ πως μου W : γάρ μου πῶς F
b 1 μοι T W : καί μοι F b 3 οὐδὸν W F t : ὀδὸν T

os outros; mas, por isso, o deus retira deles o senso e se serve deles como servidores, e também dos cantores de oráculos e dos adivinhos divinos, para que nós, os ouvintes, saibamos d
que não são eles – aqueles nos quais o senso está ausente – os que falam essas coisas assim dignas de tanto valor, mas o próprio deus é quem fala, e através deles se faz ouvir por nós. A maior demonstração dessa afirmação é Tínico da Calcídica, o qual não fez[27] nenhum outro poema que fosse digno de ser lembrado, exceto o peã que todos cantam, talvez o mais belo poema lírico de todos, simplesmente,[28] como ele mesmo diz, "um achado das Musas". Nele, portanto, definitivamente, e
o deus nos mostra, para que não duvidemos, que não são humanos estes belos poemas, nem de homens, mas divinos e de deuses, e os poetas não são nada além de intérpretes dos deuses, possuídos por aquele que possui cada um. Demonstrando isso, o deus, intencionalmente, através do mais medíocre poeta, cantou o mais belo poema lírico. Ou não te 535a
parece que falo a verdade, Íon?

Íon. Sim, por Zeus, a mim, certamente. Pois, de algum modo, tu me tocas, com essas palavras, a alma, Sócrates, e a mim os bons poetas parecem interpretar[29] essas coisas dos deuses junto a nós em virtude de uma concessão divina.

Sócrates. Mas, então, vós, os rapsodos, por sua vez, interpretais os versos dos poetas?

Íon. Também em relação a isso dizes a verdade.

Sócrates. Mas, então, vós vos tornais intérpretes de intérpretes?

Íon. Sim, completamente.

Sócrates. Mas, espera aí, dize-me isto, Íon, e não me b
escondas o que quer que eu te pergunte: quando tu bem recitas versos épicos[30] e arrebatas completamente os espectadores, seja quando canta Ulisses tomando de assalto a soleira da porta, revelando-se aos pretendentes e espalhando as flechas diante

χέοντα τοὺς ὀιστοὺς πρὸ τῶν ποδῶν, ἢ Ἀχιλλέα ἐπὶ τὸν Ἕκτορα ὁρμῶντα, ἢ καὶ τῶν περὶ Ἀνδρομάχην ἐλεινῶν τι ἢ περὶ Ἑκάβην ἢ περὶ Πρίαμον, τότε πότερον ἔμφρων εἶ ἢ ἔξω

c σαυτοῦ γίγνῃ καὶ παρὰ τοῖς πράγμασιν οἴεταί σου εἶναι ἡ ψυχὴ οἷς λέγεις ἐνθουσιάζουσα, ἢ ἐν Ἰθάκῃ οὖσιν ἢ ἐν Τροίᾳ ἢ ὅπως ἂν καὶ τὰ ἔπη ἔχῃ;

ΙΩΝ. Ὡς ἐναργές μοι τοῦτο, ὦ Σώκρατες, τὸ τεκμήριον εἶπες· οὐ γάρ σε ἀποκρυψάμενος ἐρῶ. ἐγὼ γὰρ ὅταν ἐλεινόν τι λέγω, δακρύων ἐμπίμπλανταί μου οἱ ὀφθαλμοί· ὅταν τε φοβερὸν ἢ δεινόν, ὀρθαὶ αἱ τρίχες ἵστανται ὑπὸ φόβου καὶ ἡ καρδία πηδᾷ.

d ΣΩ. Τί οὖν; φῶμεν, ὦ Ἴων, ἔμφρονα εἶναι τότε τοῦτον τὸν ἄνθρωπον, ὃς ἂν κεκοσμημένος ἐσθῆτι ποικίλῃ καὶ χρυσοῖσι στεφάνοις κλάῃ τ' ἐν θυσίαις καὶ ἑορταῖς, μηδὲν ἀπολωλεκὼς τούτων, ἢ φοβῆται πλέον ἢ ἐν δισμυρίοις ἀνθρώποις ἑστηκὼς φιλίοις, μηδενὸς ἀποδύοντος μηδὲ ἀδικοῦντος;

ΙΩΝ. Οὐ μὰ τὸν Δία, οὐ πάνυ, ὦ Σώκρατες, ὥς γε τἀληθὲς εἰρῆσθαι.

ΣΩ. Οἶσθα οὖν ὅτι καὶ τῶν θεατῶν τοὺς πολλοὺς ταὐτὰ ταῦτα ὑμεῖς ἐργάζεσθε;

e ΙΩΝ. Καὶ μάλα καλῶς οἶδα· καθορῶ γὰρ ἑκάστοτε αὐτοὺς ἄνωθεν ἀπὸ τοῦ βήματος κλάοντάς τε καὶ δεινὸν ἐμβλέποντας καὶ συνθαμβοῦντας τοῖς λεγομένοις. δεῖ γάρ με καὶ σφόδρ' αὐτοῖς τὸν νοῦν προσέχειν· ὡς ἐὰν μὲν κλάοντας αὐτοὺς καθίσω, αὐτὸς γελάσομαι ἀργύριον λαμβάνων, ἐὰν δὲ γελῶντας, αὐτὸς κλαύσομαι ἀργύριον ἀπολλύς.

ΣΩ. Οἶσθα οὖν ὅτι οὗτός ἐστιν ὁ θεατὴς τῶν δακτυλίων ὁ ἔσχατος, ὧν ἐγὼ ἔλεγον ὑπὸ τῆς Ἡρακλειώτιδος λίθου ἀπ' ἀλλήλων τὴν δύναμιν λαμβάνειν; ὁ δὲ μέσος σὺ ὁ

c 2 οὖσιν T W F : οὖσα S   c 3 ὅπως T F : πῶς W   c 6 μου T F : μοι W   d 1 τότε τοῦτον W F : τοῦτον τότε T : τοῦτον recc. Schanz   d 3 χρυσοῖσι F : χρυσοῖς T W   d 4 φοβῆται T : φοβεῖται W F   d 5 φιλίοις T W f : φίλοις F   d 8 ταὐτὰ ταῦτα T F : τὰ τοιαῦτα W

dos seus pés, ou Aquiles lançando-se sobre Heitor, ou uma daquelas passagens que suscitam a piedade acerca de Andrômaca, ou acerca de Hécuba, ou acerca de Príamo, nessa hora,
estás em teu juízo[31] ou te tornas fora de teu juízo e a tua c
alma, estando ela entusiasmada, acredita estar junto das coisas de que tu falas, estando seja em Ítaca, seja em Troia, ou onde quer que os versos se passem?

Íon. Quão manifesta é, Sócrates, esta demonstração que tu me dás. Por isso, falarei não te escondendo nada. Pois eu, quando digo algo digno de piedade, os meus olhos se enchem de lágrimas; quando algo temível ou terrível, os cabelos ficam em pé de medo e o coração palpita.

Sócrates. E então? Afirmaremos, Íon, estar em seu juízo, d
nessa hora, esse homem que, ornado[32] com uma vestimenta multicolorida e com coroas de ouro, chora em sacrifícios e festas, sem danificar nenhuma dessas coisas, ou que sente medo, estando em meio a mais de vinte mil pessoas amigáveis, embora ninguém o despoje nem prejudique?

Íon. Não, por Zeus, certamente não, Sócrates, se for para dizer a verdade.

Sócrates. Tu sabes, então, que também na maioria dos espectadores vós produzis os mesmos efeitos?

Íon. Claro, sei muito bem. Pois eu olho para baixo, de e
cima do palco, a cada vez, e os vejo não só chorando, como lançando olhares terríveis e seguindo as palavras com estupor. Pois eu também tenho que prestar muita atenção a eles: já que, se os ponho a chorar, eu mesmo vou rir, recebendo dinheiro, mas se eles riem, eu mesmo vou chorar, perdendo dinheiro.

Sócrates. Tu sabes, então, que esse espectador é o último dos anéis, dos quais eu falava, que recebem o poder uns dos outros pela pedra de Hércules? O do meio és tu, o

536a ῥαψῳδὸς καὶ ὑποκριτής, ὁ δὲ πρῶτος αὐτὸς ὁ ποιητής· ὁ δὲ
θεὸς διὰ πάντων τούτων ἕλκει τὴν ψυχὴν ὅποι ἂν βούληται
τῶν ἀνθρώπων, ἀνακρεμαννὺς ἐξ ἀλλήλων τὴν δύναμιν.
καὶ ὥσπερ ἐκ τῆς λίθου ἐκείνης ὁρμαθὸς πάμπολυς ἐξήρ-
τηται χορευτῶν τε καὶ διδασκάλων καὶ ὑποδιδασκάλων, ἐκ
πλαγίου ἐξηρτημένων τῶν τῆς Μούσης ἐκκρεμαμένων δα-
κτυλίων. καὶ ὁ μὲν τῶν ποιητῶν ἐξ ἄλλης Μούσης, ὁ δὲ
ἐξ ἄλλης ἐξήρτηται—ὀνομάζομεν δὲ αὐτὸ κατέχεται, τὸ δέ
b ἐστι παραπλήσιον· ἔχεται γάρ—ἐκ δὲ τούτων τῶν πρώτων
δακτυλίων, τῶν ποιητῶν, ἄλλοι ἐξ ἄλλου αὖ ἠρτημένοι εἰσὶ
καὶ ἐνθουσιάζουσιν, οἱ μὲν ἐξ Ὀρφέως, οἱ δὲ ἐκ Μουσαίου·
οἱ δὲ πολλοὶ ἐξ Ὁμήρου κατέχονταί τε καὶ ἔχονται. ὧν
σύ, ὦ Ἴων, εἷς εἶ καὶ κατέχῃ ἐξ Ὁμήρου, καὶ ἐπειδὰν μέν
τις ἄλλου του ποιητοῦ ᾄδῃ, καθεύδεις τε καὶ ἀπορεῖς ὅτι
λέγῃς, ἐπειδὰν δὲ τούτου τοῦ ποιητοῦ φθέγξηταί τις μέλος,
εὐθὺς ἐγρήγορας καὶ ὀρχεῖταί σου ἡ ψυχὴ καὶ εὐπορεῖς ὅτι
c λέγῃς· οὐ γὰρ τέχνῃ οὐδ' ἐπιστήμῃ περὶ Ὁμήρου λέγεις
ἃ λέγεις, ἀλλὰ θείᾳ μοίρᾳ καὶ κατοκωχῇ, ὥσπερ οἱ κορυ-
βαντιῶντες ἐκείνου μόνου αἰσθάνονται τοῦ μέλους ὀξέως
ὃ ἂν ᾖ τοῦ θεοῦ ἐξ ὅτου ἂν κατέχωνται, καὶ εἰς ἐκεῖνο τὸ
μέλος καὶ σχημάτων καὶ ῥημάτων εὐποροῦσι, τῶν δὲ ἄλλων
οὐ φροντίζουσιν· οὕτω καὶ σύ, ὦ Ἴων, περὶ μὲν Ὁμήρου
ὅταν τις μνησθῇ, εὐπορεῖς, περὶ δὲ τῶν ἄλλων ἀπορεῖς·
d τούτου δ' ἐστὶ τὸ αἴτιον, ὅ μ' ἐρωτᾷς, δι' ὅτι σὺ περὶ μὲν
Ὁμήρου εὐπορεῖς, περὶ δὲ τῶν ἄλλων οὔ, ὅτι οὐ τέχνῃ ἀλλὰ
θείᾳ μοίρᾳ Ὁμήρου δεινὸς εἶ ἐπαινέτης.

ΙΩΝ. Σὺ μὲν εὖ λέγεις, ὦ Σώκρατες· θαυμάζοιμι μεντἂν εἰ οὕτως εὖ εἴποις, ὥστε με ἀναπεῖσαι ὡς ἐγὼ κατεχόμενος καὶ μαινόμενος Ὅμηρον ἐπαινῶ. οἶμαι δὲ οὐδ' ἂν σοὶ δόξαιμι, εἴ μου ἀκούσαις λέγοντος περὶ Ὁμήρου.

ΣΩ. Καὶ μὴν ἐθέλω γε ἀκοῦσαι, οὐ μέντοι πρότερον

b 2 αὖ ἠρτημένοι T F : ἀνηρτημένοι W   b 5 ὦ T W f : om. F
b 6 τις T W F : τίς ⟨τι⟩ Schanz   d 4 σὺ μὲν εὖ T W f : εὖ μὲν εὖ F (εὖ μὲν S)   d 5 εἰ οὕτως F : οὕτως εἰ T W   d 7 περὶ T W : τι περὶ F

rapsodo e ator; o primeiro, o próprio poeta; mas o deus, por 536a
meio de todos esses anéis, arrasta a alma dos homens para
onde quiser, fazendo o poder pender entre eles. E, como
daquela pedra, suspende-se uma série muito numerosa de
dançarinos, de mestres e submestres do coro, obliquamente
suspensa aos anéis dependurados da Musa. Enquanto um
poeta depende[33] de uma musa, outro depende de outra –
dizemos que ele é possuído, o que é muito próximo: pois
ele é tomado[34] – e desses primeiros anéis, dos poetas, por b
sua vez, outros são pendurados a outros e se entusiasmam,
uns suspensos por Orfeu, outros por Museu; mas muitos são
possuídos e tomados por Homero. Tu, Íon, tu és um deles, e
és possuído por Homero e, quando por sua vez alguém canta
algo de outro poeta, tu dormes e ficas embaraçado em relação
ao que dizes; mas, quando alguém canta uma canção[35] desse
poeta, imediatamente ficas desperto e a tua alma dança e te
tornas desembaraçado em relação ao que dizes. Pois não é em c
virtude de técnica nem de ciência que tu dizes as coisas que
dizes acerca de Homero, mas por concessão e possessão divinas,
como os coribantes percebem com acuidade apenas aquela
canção que for daquele deus pelo qual eles são possuídos, e
para essa canção eles são desembaraçados e abundantes de
formas e palavras, mas das outras não cuidam, assim também
tu, Íon, acerca de Homero, sempre que alguém o menciona,
és desembaraçado, mas acerca dos outros, ficas embaraçado.
E a causa disso – pela qual tu me perguntas –, e em função d
da qual tu, acerca de Homero, és desembaraçado, mas acerca
dos outros não, é que não é em virtude de técnica, mas de
concessão divina, que és terrível em louvar Homero.

Íon. Tu, isso é inegável, tu falas bem, Sócrates! Espantar-me-ia, no entanto, se tu falasses bem a ponto de ter-me convencido de que eu, possuído e delirando, louvo Homero. Mas creio que nem a ti pareceria tal coisa, se me ouvisses falando acerca de Homero.

Sócrates. E, com efeito, desejo te ouvir, mas não antes

e πριν αν μοι αποκρινῃ τοδε· ων Ὁμηρος λεγει περι τινος εὖ λέγεις; οὐ γὰρ δήπου περὶ ἁπάντων γε.

ΙΩΝ. Εὖ ἴσθι, ὦ Σώκρατες, περὶ οὐδενὸς ὅτου οὔ.

ΣΩ. Οὐ δήπου καὶ περὶ τούτων ὧν σὺ μὲν τυγχάνεις οὐκ εἰδώς, Ὅμηρος δὲ λέγει.

ΙΩΝ. Καὶ ταῦτα ποῖά ἐστιν ἃ Ὅμηρος μὲν λέγει, ἐγὼ δὲ οὐκ οἶδα;

537a ΣΩ. Οὐ καὶ περὶ τεχνῶν μέντοι λέγει πολλαχοῦ Ὅμηρος καὶ πολλά; οἷον καὶ περὶ ἡνιοχείας—ἐὰν μνησθῶ τὰ ἔπη, ἐγώ σοι φράσω.

ΙΩΝ. Ἀλλ' ἐγὼ ἐρῶ· ἐγὼ γὰρ μέμνημαι.

ΣΩ. Εἰπὲ δή μοι ἃ λέγει Νέστωρ Ἀντιλόχῳ τῷ ὑεῖ, παραινῶν εὐλαβηθῆναι περὶ τὴν καμπὴν ἐν τῇ ἱπποδρομίᾳ τῇ ἐπὶ Πατρόκλῳ.

ΙΩΝ. Κλινθῆναι δέ, φησί, καὶ αὐτὸς ἐυξέστῳ ἐνὶ δίφρῳ
b ἦκ' ἐπ' ἀριστερὰ τοῖιν· ἀτὰρ τὸν δεξιὸν ἵππον
κένσαι ὁμοκλήσας, εἶξαί τέ οἱ ἡνία χερσίν.
ἐν νύσσῃ δέ τοι ἵππος ἀριστερὸς ἐγχριμφθήτω,
ὡς ἄν τοι πλήμνη γε δοάσσεται ἄκρον ἱκέσθαι
κύκλου ποιητοῖο· λίθου δ' ἀλέασθαι ἐπαυρεῖν.

c ΣΩ. Ἀρκεῖ. ταῦτα δή, ὦ Ἴων, τὰ ἔπη εἴτε ὀρθῶς λέγει Ὅμηρος εἴτε μή, πότερος ἂν γνοίη ἄμεινον, ἰατρὸς ἢ ἡνίοχος;—ΙΩΝ. Ἡνίοχος δήπου.—ΣΩ. Πότερον ὅτι τέχνην ταύτην ἔχει ἢ κατ' ἄλλο τι;—ΙΩΝ. Οὔκ, ἀλλ' ὅτι τέχνην.—ΣΩ. Οὐκοῦν ἑκάστῃ τῶν τεχνῶν ἀποδέδοταί τι ὑπὸ τοῦ θεοῦ ἔργον οἵᾳ τε εἶναι γιγνώσκειν; οὐ γάρ που ἃ κυβερνητικῇ γιγνώσκομεν, γνωσόμεθα καὶ ἰατρικῇ.—ΙΩΝ. Οὐ δῆτα.—ΣΩ. Οὐδέ γε ἃ ἰατρικῇ, ταῦτα καὶ τεκτονικῇ.—ΙΩΝ.

e 1 λέγει T W : εὖ λέγει F e 2 λέγεις Cornarius : λέγει T W F a 1 πολλαχοῦ ὅμηρος T W : ὅμηρος πολλαχοῦ F a 2 ἡνιοχείας ex ἡνιοχίας T F a 8 αὐτὸς δὲ κλινθῆναι libri Homerici ἐυξέστῳ T W F : ἐυπλέκτῳ S cum libris Homericis (ἐυξέστου Xen. Symp. iv. 6 qui mox ἐπὶ δίφρου) b 2 τε T W : δὲ F b 4 ἄν F et suprascr. W (et sic libri Homerici) : μή T W c 1 ἀρκεῖ. ταῦτα δὴ T W : ἀρκεῖ δὴ ταῦτα F c 6 που T W : δήπου F que me respondas, primeiramente, isto: das coisas de que Homero fala, acerca de qual tu falas bem? Pois, eu suponho, não falas bem acerca de todas. e

Íon. Fica sabendo bem, Sócrates, não há nenhuma acerca da qual eu não fale bem.

Sócrates. Não, eu suponho, acerca daquelas das quais te ocorre não ser conhecedor, mas acerca das quais Homero fala.

Íon. E quais são essas coisas das quais Homero fala, mas que eu não conheço?

Sócrates. Mas Homero também não fala, muitas vezes, 537a
muitas coisas acerca de técnicas? Como, por exemplo, acerca da condução de carros – se eu me lembrasse dos versos, eu te diria.

Íon. Mas eu direi, pois eu me lembro.

Sócrates. Recita, então, para mim as palavras que Nestor diz a Antíloco, seu filho, aconselhando-o a tomar cuidado com a curva na corrida de carros em honra de Pátroclo.

Íon. *Teu corpo inclina*, diz ele, *sobre a borda bem traçada*
para a esquerda; estimula com gritos
o corcel da direita e dá-lhe rédeas soltas; b
o da esquerda tão perto passará da meta
que o cubo da tua roda pareça tocá-la;
mas evita esbarrar na pedra;[36]

Sócrates. Basta. Esses versos, portanto, Íon, se Homero c
os diz com correção ou não, qual dos dois o julgaria melhor: um médico ou um condutor de carros? **Íon.** Um condutor de carros, é claro. **Sócrates.** Por qual dos dois motivos: porque ele possui essa técnica ou de acordo com algum outro motivo? **Íon.** Não, mas porque ele possui essa técnica. **Sócrates.** Mas, então, a cada uma das técnicas foi atribuído pelo deus o poder de conhecer uma certa obra? Pois, eu suponho, as coisas que conhecemos pela técnica de pilotar não conheceremos também pela técnica médica. **Íon.** Não, é claro. **Sócrates.** E nem as que conhecemos pela técnica médica, estas também não conheceremos pela técnica do carpinteiro.

d Οὐ δῆτα.—ΣΩ. Οὐκοῦν οὕτω καὶ κατὰ πασῶν τῶν τεχνῶν,
ἃ τῇ ἑτέρᾳ τέχνῃ γιγνώσκομεν, οὐ γνωσόμεθα τῇ ἑτέρᾳ;
τόδε δέ μοι πρότερον τούτου ἀπόκριναι· τὴν μὲν ἑτέραν φῂς
εἶναί τινα τέχνην, τὴν δ' ἑτέραν;—ΙΩΝ. Ναί.—ΣΩ. Ἆρα
ὥσπερ ἐγὼ τεκμαιρόμενος, ὅταν ἡ μὲν ἑτέρων πραγμάτων ᾖ
ἐπιστήμη, ἡ δ' ἑτέρων, οὕτω καλῶ τὴν μὲν ἄλλην, τὴν δὲ ἄλλην
e τέχνην, οὕτω καὶ σύ;—ΙΩΝ. Ναί.—ΣΩ. Εἰ γάρ που τῶν
αὐτῶν πραγμάτων ἐπιστήμη εἴη τις, τί ἂν τὴν μὲν ἑτέραν
φαῖμεν εἶναι, τὴν δ' ἑτέραν, ὁπότε γε ταὐτὰ εἴη εἰδέναι ἀπ'
ἀμφοτέρων; ὥσπερ ἐγώ τε γιγνώσκω ὅτι πέντε εἰσὶν οὗτοι
οἱ δάκτυλοι, καὶ σύ, ὥσπερ ἐγώ, περὶ τούτων ταὐτὰ γιγνώ-
σκεις· καὶ εἴ σε ἐγὼ ἐροίμην εἰ τῇ αὐτῇ τέχνῃ γιγνώσκομεν
τῇ ἀριθμητικῇ τὰ αὐτὰ ἐγώ τε καὶ σὺ ἢ ἄλλῃ, φαίης ἂν
δήπου τῇ αὐτῇ.—ΙΩΝ. Ναί.

538a ΣΩ. Ὃ τοίνυν ἄρτι ἔμελλον ἐρήσεσθαί σε, νυνὶ εἰπέ, εἰ
κατὰ πασῶν τῶν τεχνῶν οὕτω σοι δοκεῖ, τῇ μὲν αὐτῇ τέχνῃ
τὰ αὐτὰ ἀναγκαῖον εἶναι γιγνώσκειν, τῇ δ' ἑτέρᾳ μὴ τὰ αὐτά,
ἀλλ' εἴπερ ἄλλη ἐστίν, ἀναγκαῖον καὶ ἕτερα γιγνώσκειν.—
ΙΩΝ. Οὕτω μοι δοκεῖ, ὦ Σώκρατες.—ΣΩ. Οὐκοῦν ὅστις ἂν
μὴ ἔχῃ τινὰ τέχνην, ταύτης τῆς τέχνης τὰ λεγόμενα ἢ
πραττόμενα καλῶς γιγνώσκειν οὐχ οἷός τ' ἔσται;—ΙΩΝ.
b Ἀληθῆ λέγεις.—ΣΩ. Πότερον οὖν περὶ τῶν ἐπῶν ὧν εἶπες,
εἴτε καλῶς λέγει Ὅμηρος εἴτε μή, σὺ κάλλιον γνώσῃ ἢ
ἡνίοχος;—ΙΩΝ. Ἡνίοχος.—ΣΩ. Ῥαψῳδὸς γάρ που εἶ ἀλλ'
οὐχ ἡνίοχος.—ΙΩΝ. Ναί.—ΣΩ. Ἡ δὲ ῥαψῳδικὴ τέχνη
ἑτέρα ἐστὶ τῆς ἡνιοχικῆς;—ΙΩΝ. Ναί.—ΣΩ. Εἰ ἄρα ἑτέρα,
περὶ ἑτέρων καὶ ἐπιστήμη πραγμάτων ἐστίν.—ΙΩΝ. Ναί.

ΣΩ. Τί δὲ δὴ ὅταν Ὅμηρος λέγῃ ὡς τετρωμένῳ τῷ
Μαχάονι Ἑκαμήδη ἡ Νέστορος παλλακὴ κυκεῶνα πίνειν
c δίδωσι; καὶ λέγει πως οὕτως—

d 1 καὶ κατὰ T W : καὶ τὰ F   e 4 ἐγώ τε T W : ἔγωγε F
b 6 καὶ ἐπιστήμη πραγμάτων W F : πραγμάτων καὶ ἐπιστήμη T : καὶ
πραγμάτων ἐπιστήμη signis transpositionis additis in T F   b 7 δὴ
T W f : om. F   b 8 ἑκαμήδη ἡ T W f : ἔκαμη δη ην F   πίνειν
T W : πιεῖν F

Íon. Não, é claro. **Sócrates.** Mas, então, não será também assim d
no que concerne a todas as técnicas: as coisas que conhecemos
por uma técnica, não conheceremos por outra? Mas, antes disso,
me responde o seguinte: afirmas que esta é uma técnica, e aquela,
outra? **Íon.** Sim. **Sócrates.** Será, então, que assim como eu,
julgando que, quando uma ciência for de umas coisas, e ou-
tra, de outras, chamo uma técnica por um nome, e a outra,
por outro, também assim tu? **Íon.** Sim. **Sócrates.** Pois, eu e
suponho, se das mesmas coisas houvesse uma ciência, por que
afirmaríamos que uma ciência é uma e a outra é outra, quando
as mesmas coisas poderiam ser conhecidas por ambas? E como
eu sei que estes dedos são cinco, também tu, como eu, acerca
das mesmas coisas, sabes as mesmas coisas. E se eu te perguntasse
se nós conhecemos as mesmas coisas pela mesma técnica – a
aritmética – ou por outra, tanto eu quanto tu, dirias, eu su-
ponho: pela mesma. **Íon.** Sim.

Sócrates. Então, o que eu estava para te perguntar um 538a
momento atrás, dize agora: se, no que concerne a todas as téc-
nicas, te parece assim: as mesmas coisas devem necessariamente
ser conhecidas pela mesma técnica, e não as mesmas por outra
técnica, mas se é outra, necessariamente também outras serão
as coisas conhecidas. **Íon.** Assim me parece, Sócrates. **Sócrates.**
Mas, então, aquele que não tiver uma técnica não será capaz de
avaliar as coisas bem ditas ou feitas em virtude dessa técnica?
Íon. Dizes a verdade. **Sócrates.** Qual dos dois, então, tu ou um b
condutor de carros, acerca dos versos que tu recitaste, avaliará
melhor se Homero fala bem ou não? **Íon.** Um condutor de
carros. **Sócrates.** Pois tu és, eu suponho, um rapsodo, e não um
condutor de carros. **Íon.** Sim. **Sócrates.** E a técnica rapsódica
é diferente da técnica de conduzir carros. **Íon.** Sim. **Sócrates.**
Logo, se diferente, também será uma ciência de coisas diferentes.
Íon. Sim. **Sócrates.** Mas, então, e quando Homero conta como
Hecamede, a concubina de Nestor, dá a Macáon, tendo ele sido
ferido, uma poção para beber?

E fala mais ou menos assim: c

οἴνῳ πραμνείῳ, φησίν, ἐπὶ δ' αἴγειον κνῆ τυρὸν
κνήστι χαλκείῃ· παρὰ δὲ κρόμυον ποτῷ ὄψον·

ταῦτα εἴτε ὀρθῶς λέγει Ὅμηρος εἴτε μή, πότερον ἰατρικῆς ἐστι διαγνῶναι καλῶς ἢ ῥαψῳδικῆς;

ΙΩΝ. Ἰατρικῆς.

ΣΩ. Τί δέ, ὅταν λέγῃ Ὅμηρος—

d ἡ δὲ μολυβδαίνῃ ἰκέλη ἐς βυσσὸν ἵκανεν,
ἥ τε κατ' ἀγραύλοιο βοὸς κέρας ἐμμεμαυῖα
ἔρχεται ὠμηστῇσι μετ' ἰχθύσι πῆμα φέρουσα·

ταῦτα πότερον φῶμεν ἁλιευτικῆς εἶναι τέχνης μᾶλλον κρῖναι ἢ ῥαψῳδικῆς, ἅττα λέγει καὶ εἴτε καλῶς εἴτε μή;

ΙΩΝ. Δῆλον δή, ὦ Σώκρατες, ὅτι ἁλιευτικῆς.

ΣΩ. Σκέψαι δή, σοῦ ἐρομένου, εἰ ἔροιό με· "Ἐπειδὴ
e τοίνυν, ὦ Σώκρατες, τούτων τῶν τεχνῶν ἐν Ὁμήρῳ εὑρίσκεις ἃ προσήκει ἑκάστῃ διακρίνειν, ἴθι μοι ἔξευρε καὶ τὰ τοῦ μάντεώς τε καὶ μαντικῆς, ποῖά ἐστιν ἃ προσήκει αὐτῷ οἵῳ τ' εἶναι διαγιγνώσκειν, εἴτε εὖ εἴτε κακῶς πεποίηται"— σκέψαι ὡς ῥᾳδίως τε καὶ ἀληθῆ ἐγώ σοι ἀποκρινοῦμαι. πολλαχοῦ μὲν γὰρ καὶ ἐν Ὀδυσσείᾳ λέγει, οἷον καὶ ἃ ὁ τῶν Μελαμποδιδῶν λέγει μάντις πρὸς τοὺς μνηστῆρας, Θεοκλύμενος—

539a δαιμόνιοι, τί κακὸν τόδε πάσχετε; νυκτὶ μὲν ὑμέων
εἰλύαται κεφαλαί τε πρόσωπά τε νέρθε τε γυῖα,
οἰμωγὴ δὲ δέδηε, δεδάκρυνται δὲ παρειαί·

c 3 κνῆστι F : κνήστει W et ex κνήστη fecit T παρὰ . . . ὄψον] ἐπὶ δ' ἄλφιτα λευκὰ πάλυνε libri Homerici c 4 prius εἴτε T F : εἴπερ W d 1 βυσσὸν F (et sic libri Homerici) : βύσσον T : πυθμέν' W et in marg. t ἵκανεν] ὄρουσεν libri Homerici d 2 ἐμμεμαυῖα v. l. in Homeri A : ἐμβεβαυῖα libri Homerici d 3 μετ'] ἐπ' libri Homerici πῆμα T W f et sic ἔνιαι τῶν κατὰ πόλεις : κῆρα F et sic libri Homerici e 6 ἃ ὁ W F t : ὁ T e 7 μελαμποδιδῶν T² W: μελαμποδίδων F : μελαμποδῶν T f a 1 δαιμόνιοι] ἆ δειλοί libri Homerici ὑμέων T F : ὑμῶν W a 2 γυῖα] γοῦνα libri Homerici a 3 δέδηε W : δὲ δὴ (ἐδεδάκρυνται) F : δέδηαι T post παρειαί in libris Homericis hic versus αἵματι δ' ἐρράδαται τοῖχοι καλαί τε μεσόδμαι

sobre vinho de Prâmnio, diz ele, *ela raspava queijo de cabra*
com uma ralador de bronze; e ao lado, uma cebola, como acompanhamento à bebida;[37]

Se Homero diz essas palavras com correção ou não, qual das duas técnicas deve adequadamente diagnosticar: a técnica médica ou a rapsódica?

Íon. A médica.

Sócrates. Mas e quando Homero diz:

Afunda n'água d
feito chumbo de anzol embutido num corno
de boi bravio, letal aos peixes carniceiros.[38]

Essas palavras, afirmaremos que cabe mais à técnica de pescar do que à rapsódica avaliar, o que quer que ele diga, se ele diz bem ou não?

Íon. Mas é evidente, Sócrates, que é a técnica de pescar.

Sócrates. Então, agora, examina se, estando tu a perguntar, tu me perguntasses: "Sócrates, já que, então, encontraste e
em Homero coisas que a cada uma dessas técnicas convém julgar, vamos, descobre para mim também quais são aquelas, tanto acerca do adivinho como da adivinhação, que convém a ele, o adivinho, ser capaz de diagnosticar se está bem feito[39] ou não"; examina quão fácil e verdadeiramente eu a ti responderei. Pois em muitos lugares, também na *Odisseia*, ele fala disso, como, por exemplo, as coisas que o adivinho Teoclímeno, descendente de Melampo, diz aos pretendentes:

De que doença, infelizes, agora sofreis? Envolvidos **539a**
por noite escura vos vejo as cabeças, os rostos e os joelhos;
altos gemidos ressoam, dos rostos as lágrimas correm;

εἰδώλων τε πλέον πρόθυρον, πλείη δὲ καὶ αὐλὴ
ἱεμένων ἔρεβόσδε ὑπὸ ζόφον· ἠέλιος δὲ
b οὐρανοῦ ἐξαπόλωλε, κακὴ δ' ἐπιδέδρομεν ἀχλύς·

πολλαχοῦ δὲ καὶ ἐν Ἰλιάδι, οἷον καὶ ἐπὶ τειχομαχίᾳ· λέγει γὰρ καὶ ἐνταῦθα—

ὄρνις γάρ σφιν ἐπῆλθε περησέμεναι μεμαῶσιν,
αἰετὸς ὑψιπέτης, ἐπ' ἀριστερὰ λαὸν ἐέργων,
c φοινήεντα δράκοντα φέρων ὀνύχεσσι πέλωρον,
ζῳόν, ἔτ' ἀσπαίροντα· καὶ οὔπω λήθετο χάρμης.
κόψε γὰρ αὐτὸν ἔχοντα κατὰ στῆθος παρὰ δειρὴν
ἰδνωθεὶς ὀπίσω, ὁ δ' ἀπὸ ἕθεν ἧκε χαμᾶζε
ἀλγήσας ὀδύνῃσι, μέσῳ δ' ἐνὶ κάββαλ' ὁμίλῳ·
d αὐτὸς δὲ κλάγξας πέτετο πνοιῇς ἀνέμοιο.

ταῦτα φήσω καὶ τὰ τοιαῦτα τῷ μάντει προσήκειν καὶ σκοπεῖν καὶ κρίνειν.

ΙΩΝ. Ἀληθῆ γε σὺ λέγων, ὦ Σώκρατες.

ΣΩ. Καὶ σύ γε, ὦ Ἴων, ἀληθῆ ταῦτα λέγεις. ἴθι δὴ καὶ σὺ ἐμοί, ὥσπερ ἐγὼ σοὶ ἐξέλεξα καὶ ἐξ Ὀδυσσείας καὶ ἐξ Ἰλιάδος ὁποῖα τοῦ μάντεώς ἐστι καὶ ὁποῖα τοῦ ἰατροῦ καὶ
e ὁποῖα τοῦ ἁλιέως, οὕτω καὶ σὺ ἐμοὶ ἔκλεξον, ἐπειδὴ καὶ ἐμπειρότερος εἶ ἐμοῦ τῶν Ὁμήρου, ὁποῖα τοῦ ῥαψῳδοῦ ἐστιν, ὦ Ἴων, καὶ τῆς τέχνης τῆς ῥαψῳδικῆς, ἃ τῷ ῥαψῳδῷ προσήκει καὶ σκοπεῖσθαι καὶ διακρίνειν παρὰ τοὺς ἄλλους ἀνθρώπους.

ΙΩΝ. Ἐγὼ μέν φημι, ὦ Σώκρατες, ἅπαντα.

ΣΩ. Οὐ σύ γε φῄς, ὦ Ἴων, ἅπαντα· ἢ οὕτως ἐπιλήσμων εἶ; καίτοι οὐκ ἂν πρέποι γε ἐπιλήσμονα εἶναι ῥαψῳδὸν ἄνδρα.

540a ΙΩΝ. Τί δὲ δὴ ἐπιλανθάνομαι;

b 2 prius καὶ T W f : om. F   c 4 ὀπίσω W F : ὀπίσσω T   c 5 ἐνὶ κάμβαλ' F (sed μ in β mutavit f) : ἐνκάμβαλ' W : ἐγκαββαλλ' T (sed λ alterum puncto del.) T   d 1 πέτετο libri Homerici : πέτατο W (sed suprascr. ἐπα) : πέτητο F : ἕπετο T f   d 4 γε T F : om. W   e 7 φῄς Baiter : ἔφης T W F   ἅπαντα T W f : οὐ πάντα F

sangue destila dos nichos bem-feitos, das altas paredes,
e de fantasmas o pátio está cheio, até o próprio vestíbulo,
que para as trevas já baixaram, para o Érebo. O sol apagou-se
já no alto céu, difundindo-se em tudo tristonho negrume.[40] b

E em muitos lugares também na *Ilíada*, como, por exemplo, na *Muromaquia*; pois também aí ele diz:

é que no afã de transpassá-lo, uma ave,
uma águia altivolante, sobrevoando à esquerda
o exército, entre as garras prendia monstruoso, c
rubro-sanguíneo drago vivo, a contorcer-se,
do guerrear não desmêmore; este, recurvando-se,
fere a ave na garganta; excruciada de dor,
a águia o larga por terra, em meio à turba, voando,
aos guinchos, a favor do vento.[41] d

Essas coisas, afirmarei, e as semelhantes, convém ao adivinho tanto investigar quanto julgar.

Íon. E tu estarás dizendo a verdade, Sócrates.

Sócrates. E tu também, Íon, tu dizes a verdade ao dizer essas coisas. Mas, vamos, e agora tu, para mim, assim como eu, para ti, selecionei, tanto da *Odisseia* quanto da *Ilíada*, quais coisas pertencem ao adivinho, quais ao médico e quais ao pescador, do mesmo modo, escolhe tu, para mim, já que és e mais experiente do que eu nos versos de Homero, quais são as coisas que pertencem ao rapsodo, Íon, e à técnica rapsódica, aquelas que convém mais ao rapsodo, em comparação com os outros homens, tanto investigar quanto julgar.

Íon. Mas eu afirmo, Sócrates, que são todas.

Sócrates. Mas tu não afirmas, Íon, que são todas; ou és assim tão esquecido?! De qualquer modo, não seria conveniente a um homem que é um rapsodo ser esquecido.

Íon. Mas o que eu estou esquecendo? **540a**

ΣΩ. Οὐ μέμνησαι ὅτι ἔφησθα τὴν ῥαψῳδικὴν τέχνην
ἑτέραν εἶναι τῆς ἡνιοχικῆς;—ΙΩΝ. Μέμνημαι.—ΣΩ. Οὐκ-
οῦν καὶ ἑτέραν οὖσαν ἕτερα γνώσεσθαι ὡμολόγεις;—ΙΩΝ.
Ναί.—ΣΩ. Οὐκ ἄρα πάντα γε γνώσεται ἡ ῥαψῳδικὴ κατὰ
τὸν σὸν λόγον οὐδὲ ὁ ῥαψῳδός.—ΙΩΝ. Πλήν γε ἴσως τὰ
τοιαῦτα, ὦ Σώκρατες.

b ΣΩ. Τὰ τοιαῦτα δὲ λέγεις πλὴν τὰ τῶν ἄλλων τεχνῶν
σχεδόν τι· ἀλλὰ ποῖα δὴ γνώσεται, ἐπειδὴ οὐχ ἅπαντα;

ΙΩΝ. Ἃ πρέπει, οἶμαι ἔγωγε, ἀνδρὶ εἰπεῖν καὶ ὁποῖα
γυναικί, καὶ ὁποῖα δούλῳ καὶ ὁποῖα ἐλευθέρῳ, καὶ ὁποῖα
ἀρχομένῳ καὶ ὁποῖα ἄρχοντι.

ΣΩ. Ἆρα ὁποῖα ἄρχοντι, λέγεις, ἐν θαλάττῃ χειμαζομένου
πλοίου πρέπει εἰπεῖν, ὁ ῥαψῳδὸς γνώσεται κάλλιον ἢ ὁ
κυβερνήτης;—ΙΩΝ. Οὔκ, ἀλλὰ ὁ κυβερνήτης τοῦτό γε.—
c ΣΩ. Ἀλλ' ὁποῖα ἄρχοντι κάμνοντος πρέπει εἰπεῖν, ὁ
ῥαψῳδὸς γνώσεται κάλλιον ἢ ὁ ἰατρός;—ΙΩΝ. Οὐδὲ
τοῦτο.—ΣΩ. Ἀλλ' οἷα δούλῳ πρέπει, λέγεις;—ΙΩΝ.
Ναί.—ΣΩ. Οἷον βουκόλῳ λέγεις δούλῳ ἃ πρέπει εἰπεῖν
ἀγριαινουσῶν βοῶν παραμυθουμένῳ, ὁ ῥαψῳδὸς γνώσεται
ἀλλ' οὐχ ὁ βουκόλος;—ΙΩΝ. Οὐ δῆτα.—ΣΩ. Ἀλλ' οἷα
γυναικὶ πρέποντά ἐστιν εἰπεῖν ταλασιουργῷ περὶ ἐρίων
d ἐργασίας;—ΙΩΝ. Οὔ.—ΣΩ. Ἀλλ' οἷα ἀνδρὶ πρέπει εἰπεῖν
γνώσεται στρατηγῷ στρατιώταις παραινοῦντι;—ΙΩΝ. Ναί,
τὰ τοιαῦτα γνώσεται ὁ ῥαψῳδός.

ΣΩ. Τί δέ; ἡ ῥαψῳδικὴ τέχνη στρατηγική ἐστιν;

ΙΩΝ. Γνοίην γοῦν ἂν ἔγωγε οἷα στρατηγὸν πρέπει εἰπεῖν.

ΣΩ. Ἴσως γὰρ εἶ καὶ στρατηγικός, ὦ Ἴων. καὶ γὰρ εἰ
ἐτύγχανες ἱππικὸς ὢν ἅμα καὶ κιθαριστικός, ἔγνως ἂν ἵππους
e εὖ καὶ κακῶς ἱππαζομένους· ἀλλ' εἴ σ' ἐγὼ ἠρόμην· "Ποτέρᾳ
δὴ τέχνῃ, ὦ Ἴων, γιγνώσκεις τοὺς εὖ ἱππαζομένους ἵππους;

b 8 ἀλλὰ ὁ W : ἄλλο F : ἀλλὰ καὶ ὁ T et in marg. f   c 1 κάμνοντος F : κάμνοντι T W f   d 2 ναί scr. recc. : νὴ T W F   d 5 ἂν Sydenham : ἄρ' W : ἆρ' T : om. F   ἔγωγε F : ἐγὼ T W   d 6 ὦ F : om. T W   e 1 ἠρόμην T W (sed ἠ in ras. T) : ἐροίμην F

Sócrates. Não estás lembrado de que afirmavas que a técnica rapsódica é diferente da do condutor de carros? **Íon.** Estou lembrado. **Sócrates.** Mas, então, concordavas também que, sendo diferente, conhecerá coisas diferentes? **Íon.** Sim. **Sócrates.** Portanto, segundo a tua afirmação, a técnica rapsódica não conhecerá todas as coisas, nem o rapsodo. **Íon.** Exceto, talvez, tais coisas, Sócrates.

Sócrates. E por "tais coisas" queres dizer algo próximo b
de "exceto as das outras técnicas". Mas, então, quais coisas
conhecerá, já que não todas?

Íon. Aquelas que convém, creio eu, a um homem dizer e quais convém a uma mulher, e quais a um escravo e quais a um homem livre, e quais a um comandado e quais a um comandante.

Sócrates. Portanto, tu queres dizer que o rapsodo saberá
melhor que o piloto quais coisas convém a um comandante
dizer, estando ele num navio abatido por uma tempestade no
mar? **Íon.** Não, isso, todavia, o piloto saberá melhor. **Sócrates.**
Mas o rapsodo saberá melhor que o médico quais coisas, a c
quem está no comando de um doente, convém dizer? **Íon.**
Nem isso. **Sócrates.** Mas, queres dizer, como as que convém
a um escravo? **Íon.** Sim. **Sócrates.** Da mesma forma, queres
dizer que o rapsodo saberá melhor do que o vaqueiro aquelas
coisas que convém dizer a um escravo, que é vaqueiro, para
acalmar os bois, quando eles estiverem irritados? **Íon.** É claro
que não. **Sócrates.** Mas quais as coisas que são convenientes
dizer a uma mulher, que é fiandeira, acerca do trabalho da
lã? **Íon.** Não. **Sócrates.** Mas quais as que convém dizer a d
um homem, que é general, ao exortar os soldados, o rapsodo
saberá? **Íon.** Sim, tais coisas o rapsodo saberá.

Sócrates. Como assim? A técnica rapsódica é militar?

Íon. Eu saberia, ao menos, certamente, quais coisas convém a um general dizer.

Sócrates. Provavelmente porque és também militar,
Íon. E se te acontecesse, pois, ser ao mesmo tempo hípico e
citarístico, tu conhecerias cavalos que são bem e mal cavalga-
dos; mas e se eu te perguntasse: "mas através de qual das duas e
técnicas, Íon, conheces os cavalos bem cavalgados? Aquela
através da qual és um cavaleiro ou aquela através da qual és

ᾖ ἱππεὺς εἶ ἢ ᾗ κιθαριστής;" τί ἂν μοι ἀπεκρίνω;—ΙΩΝ.
Ἧι ἱππεύς, ἔγωγ' ἄν.—ΣΩ. Οὐκοῦν εἰ καὶ τοὺς εὖ κιθαρί-
ζοντας διεγίγνωσκες, ὡμολόγεις ἄν, ᾗ κιθαριστὴς εἶ, ταύτῃ
διαγιγνώσκειν, ἀλλ' οὐχ ᾗ ἱππεύς.—ΙΩΝ. Ναί.—ΣΩ.
Ἐπειδὴ δὲ τὰ στρατιωτικὰ γιγνώσκεις, πότερον ᾗ στρατη-
γικὸς εἶ γιγνώσκεις ἢ ᾗ ῥαψῳδὸς ἀγαθός;—ΙΩΝ. Οὐδὲν
ἔμοιγε δοκεῖ διαφέρειν.

541a ΣΩ. Πῶς; οὐδὲν λέγεις διαφέρειν; μίαν λέγεις τέχνην
εἶναι τὴν ῥαψῳδικὴν καὶ τὴν στρατηγικὴν ἢ δύο;—ΙΩΝ. Μία
ἔμοιγε δοκεῖ.—ΣΩ. Ὅστις ἄρα ἀγαθὸς ῥαψῳδός ἐστιν, οὗτος
καὶ ἀγαθὸς στρατηγὸς τυγχάνει ὤν;—ΙΩΝ. Μάλιστα, ὦ Σώ-
κρατες.—ΣΩ. Οὐκοῦν καὶ ὅστις ἀγαθὸς στρατηγὸς τυγχάνει
ὤν, ἀγαθὸς καὶ ῥαψῳδός ἐστιν.—ΙΩΝ. Οὐκ αὖ μοι δοκεῖ
τοῦτο.—ΣΩ. Ἀλλ' ἐκεῖνο μὴν δοκεῖ σοι, ὅστις γε ἀγαθὸς
b ῥαψῳδός, καὶ στρατηγὸς ἀγαθὸς εἶναι;—ΙΩΝ. Πάνυ γε.—
ΣΩ. Οὐκοῦν σὺ τῶν Ἑλλήνων ἄριστος ῥαψῳδὸς εἶ;—ΙΩΝ.
Πολύ γε, ὦ Σώκρατες.—ΣΩ. Ἦ καὶ στρατηγός, ὦ Ἴων, τῶν
Ἑλλήνων ἄριστος εἶ;—ΙΩΝ. Εὖ ἴσθι, ὦ Σώκρατες· καὶ
ταῦτά γε ἐκ τῶν Ὁμήρου μαθών.

ΣΩ. Τί δή ποτ' οὖν πρὸς τῶν θεῶν, ὦ Ἴων, ἀμφότερα
ἄριστος ὢν τῶν Ἑλλήνων, καὶ στρατηγὸς καὶ ῥαψῳδός,
ῥαψῳδεῖς μὲν περιιὼν τοῖς Ἕλλησι, στρατηγεῖς δ' οὔ; ἢ
c ῥαψῳδοῦ μὲν δοκεῖ σοι χρυσῷ στεφάνῳ ἐστεφανωμένου
πολλὴ χρεία εἶναι τοῖς Ἕλλησι, στρατηγοῦ δὲ οὐδεμία;

ΙΩΝ. Ἡ μὲν γὰρ ἡμετέρα, ὦ Σώκρατες, πόλις ἄρχεται ὑπὸ ὑμῶν καὶ στρατηγεῖται καὶ οὐδὲν δεῖται στρατηγοῦ, ἡ δὲ ὑμετέρα καὶ ἡ Λακεδαιμονίων οὐκ ἄν με ἕλοιτο στρατηγόν· αὐτοὶ γὰρ οἴεσθε ἱκανοὶ εἶναι.

ΣΩ. Ὦ βέλτιστε Ἴων, Ἀπολλόδωρον οὐ γιγνώσκεις τὸν Κυζικηνόν;

e 3 ἀπεκρίνω F : ἀπεκρίνου T W   e 7 τὰ T F : om. W
e 8 ἀγαθός secl. Schanz   e 9 ἔμοιγε T W : ἐμοὶ F   a 7 μὴν
F : μὲν T W   σοι T W : σοι εἶναι F   γε T W : τε F
b 7 στρατηγὸς T W : στρατηγὸς ὢν F

um citarista?". O que me responderias? **Íon.** Aquela através da qual sou cavaleiro, eu responderia. **Sócrates.** Mas, então, se tu também diagnosticasses os que tocam bem a cítara, tu concordarias que tu diagnosticas por aquela técnica através da qual tu és citarista, mas não através daquela pela qual tu és cavaleiro. **Íon.** Sim. **Sócrates.** E, já que conheces as coisas militares, conheces através da técnica pela qual és general ou através daquela pela qual és bom rapsodo? **Íon.** Não me parece haver diferença alguma.

Sócrates. Como?! Afirmas não haver diferença algu- **541a**
ma?! Afirmas ser uma única técnica, a rapsódica e a militar,
ou duas? **Íon.** A mim, ao menos, parece ser uma única. **Só-**
crates. Portanto, quem quer que seja bom rapsodo acontece
também ser bom general? **Íon.** Definitivamente, Sócrates.
Sócrates. Mas, então, também quem quer que aconteça ser
bom general é também bom rapsodo. **Íon.** Já isso não me
parece. **Sócrates.** Mas, por outro lado, te parece que quem
quer que seja bom rapsodo também será bom general. **Íon.** **b**
Inteiramente. **Sócrates.** Mas, então, tu, dentre os helenos, és
o maior rapsodo? **Íon.** E de longe, Sócrates. **Sócrates.** Será
que, dentre os helenos, Íon, és também o melhor general?
Íon. Fica sabendo bem, Sócrates: e tendo aprendido também
essas coisas dos versos de Homero.

Sócrates. Mas por que então, pelos deuses, sendo o
melhor dos helenos em ambas as coisas, tanto general quanto
rapsodo, estás em toda parte recitando poemas épicos[42] para
os helenos, mas não atuas como general? Ou te parece haver, **c**
para os helenos, muita necessidade de um rapsodo coroado
com uma coroa de outro, mas de um general, nenhuma?

Íon. É que nossa cidade, Sócrates, é governada e comandada por um vosso general e não precisa de nenhum general, mas a vossa e a dos lacedemônios não me escolheriam como general, pois eles creem ser suficientes quanto a isso.

Sócrates. Meu excelente Íon, não conheces Apolodoro de Cízico?

ΙΩΝ. Ποῖον τοῦτον;

ΣΩ. Ὃν Ἀθηναῖοι πολλάκις ἑαυτῶν στρατηγὸν ᾕρηνται
d ξένον ὄντα· καὶ Φανοσθένη τὸν Ἄνδριον καὶ Ἡρακλείδην τὸν Κλαζομένιον, οὓς ἥδε ἡ πόλις ξένους ὄντας, ἐνδειξαμένους ὅτι ἄξιοι λόγου εἰσί, καὶ εἰς στρατηγίας καὶ εἰς τὰς ἄλλας ἀρχὰς ἄγει· Ἴωνα δ' ἄρα τὸν Ἐφέσιον οὐχ αἱρήσεται στρατηγὸν καὶ τιμήσει, ἐὰν δοκῇ ἄξιος λόγου εἶναι; τί δέ; οὐκ Ἀθηναῖοι μέν ἐστε οἱ Ἐφέσιοι τὸ ἀρχαῖον, καὶ ἡ Ἔφεσος
e οὐδεμιᾶς ἐλάττων πόλεως; ἀλλὰ γὰρ σύ, ὦ Ἴων, εἰ μὲν ἀληθῆ λέγεις ὡς τέχνῃ καὶ ἐπιστήμῃ οἷός τε εἶ Ὅμηρον ἐπαινεῖν, ἀδικεῖς, ὅστις ἐμοὶ ὑποσχόμενος ὡς πολλὰ καὶ καλὰ περὶ Ὁμήρου ἐπίστασαι καὶ φάσκων ἐπιδείξειν, ἐξαπατᾷς με καὶ πολλοῦ δεῖς ἐπιδεῖξαι, ὅς γε οὐδὲ ἅττα ἐστὶ ταῦτα περὶ ὧν δεινὸς εἶ ἐθέλεις εἰπεῖν, πάλαι ἐμοῦ λιπαροῦντος, ἀλλὰ ἀτεχνῶς ὥσπερ ὁ Πρωτεὺς παντοδαπὸς γίγνῃ στρεφόμενος ἄνω καὶ κάτω, ἕως τελευτῶν διαφυγών με στρατηγὸς ἀνεφά-
542a νης, ἵνα μὴ ἐπιδείξῃς ὡς δεινὸς εἶ τὴν περὶ Ὁμήρου σοφίαν. εἰ μὲν οὖν τεχνικὸς ὤν, ὅπερ νυνδὴ ἔλεγον, περὶ Ὁμήρου ὑποσχόμενος ἐπιδείξειν ἐξαπατᾷς με, ἄδικος εἶ· εἰ δὲ μὴ τεχνικὸς εἶ, ἀλλὰ θείᾳ μοίρᾳ κατεχόμενος ἐξ Ὁμήρου μηδὲν εἰδὼς πολλὰ καὶ καλὰ λέγεις περὶ τοῦ ποιητοῦ, ὥσπερ ἐγὼ εἶπον περὶ σοῦ, οὐδὲν ἀδικεῖς. ἑλοῦ οὖν πότερα βούλει νομίζεσθαι ὑπὸ ἡμῶν ἄδικος ἀνὴρ εἶναι ἢ θεῖος.

b ΙΩΝ. Πολὺ διαφέρει, ὦ Σώκρατες· πολὺ γὰρ κάλλιον τὸ θεῖον νομίζεσθαι.

ΣΩ. Τοῦτο τοίνυν τὸ κάλλιον ὑπάρχει σοι παρ' ἡμῖν, ὦ Ἴων, θεῖον εἶναι καὶ μὴ τεχνικὸν περὶ Ὁμήρου ἐπαινέτην.

e 5 δεῖς scr. recc.: δεῖ σ' T W: δ' εἰς F e 6 πάλαι T W: πολλὰ F b 1 σώκρατες T W: σώκρατες θεῖος F b 3 ὑπάρχει] ὑπάρξει Schanz ἡμῖν T F: ἡμων W

Íon. Qual, esse?

Sócrates. Aquele que os atenienses, muitas vezes, es-
colheram como seu general, mesmo sendo ele estrangeiro;
também Fanóstenes de Andros e Hércules de Clazômenas, d
os quais nossa cidade, mesmo sendo eles estrangeiros, quando
eles demonstraram ser dignos de menção, os conduz tanto
ao comando militar quanto aos outros comandos; mas a Íon,
portanto, não escolherá como general e honrará, se ele parecer
ser digno de menção? Como assim? E vós, os efésios, não sois
originalmente atenienses, e Éfesos é inferior a alguma cidade? e
Mas, então, tu, Íon, se dizes a verdade quando afirmas que
és capaz de louvar Homero em virtude de uma técnica e de
uma ciência, tu és injusto, tu, que, garantindo, para mim, que
conheces tantas e belas coisas acerca de Homero e afirmando
que darás uma exibição para mim, tu me enganas comple-
tamente e estás longe de dar-me uma exibição; tu, que nem
queres dizer quais são essas coisas acerca das quais és terrível,
embora eu esteja te suplicando há muito tempo. Mas tu,
simplesmente, como Proteu, te transformas em todo tipo de
formas, girando para cima e para baixo, até que, terminando
por escapar-me, surges como um general, para que não me
exibas como és terrível na sabedoria acerca de Homero. E 542a
se, então, tu és técnico, como eu acabei de dizer, garantindo
se exibir acerca de Homero, tu me enganas completamente, e
és injusto; e se não és técnico, mas, por uma concessão divina,
possuído por Homero, nada sabendo, tu falas muitas e belas
coisas acerca do poeta, como eu afirmei acerca de ti, não és
nada injusto. Escolhe então se preferes ser considerado um
homem injusto ou divino.

Íon. Uma coisa difere muito da outra, Sócrates. Pois é b
muito mais belo o ser considerado divino.

Sócrates. Isto, então, a coisa mais bela, te é concedido por nós, Íon: ser divino, e não um louvador técnico de Homero.

Notas

[1] No original, *kekosmêsthai*. Não traduzi, aqui, o verbo *kosmô* por "arranjar", optando pela tradução mais tradicional de "ornar". Mas é importante, na tradução, ter em mente a ideia de *kósmos* como "belo arranjo". O mesmo verbo *kosmô*, que Sócrates utiliza para descrever o cuidado com a vestimenta do rapsodo, Íon utiliza para descrever seu trabalho sobre os versos de Homero. Íon, nesse sentido, seria um "arranjador" de Homero.

[2] No original, *kekosmêka*. Cf. nota anterior.

[3] "Terrível" traduz o termo grego *deinós*. É um termo que apresenta um deslizamento semântico ambíguo, partindo do sentido primeiro de "terrível, espantoso", desdobrando-se em "perigoso, funesto", passando por "espantoso, extraordinário" e chegando até "maravilhosamente dotado, extraordinariamente hábil". A tradução por "terrível" deve levar em conta os dois pontos extremos do deslizamento semântico da palavra para uma mesma expressão. Platão mostra-se mais de uma vez sensível à ambiguidade do termo. No *Protágoras*, por exemplo, há uma passagem interessante a respeito, quando Sócrates, referindo-se à sabedoria divina de Pródico em definir os diferentes modos como tomamos as palavras, usa como exemplo precisamente o termo *deinós*, ao dizer a Protágoras: "como acerca do termo '*deinós*', Pródico me adverte a cada vez assim: quando eu, te elogiando, tu ou qualquer outro, digo que Protágoras é um homem sábio e terrível [*deinós*], ele pergunta se eu não me envergonho de estar chamando coisas boas de terríveis [*deiná*]. Pois o terrível [*deinón*], diz ele, é mau" (*Protágoras*, 341a-b).

[4] "Leigo" traduz o termo grego *idiótes*, que possui uma extensão semântica bem ampla, muitas vezes só se definindo a partir do termo com o qual se contrapõe. Nesse sentido, quer dizer "particular" em contraposição a

"comum", "privado" em contraposição a "público", "leigo" em contraposição a "perito". Fora de uma contraposição, em sentido geral, *idiótes* pode significar "homem de condição modesta", "simples cidadão", "plebeu", mas também "homem sem educação", "ignorante", "homem comum", "vulgar". Como, na presente passagem, *idiótes* aparece em contraposição a *demiourgós*, que significa "todo aquele que tem o conhecimento de uma profissão" (daí a tradução por "perito"), optei na ocasião por traduzir *idiótes* por "leigo", mas, ao longo do diálogo, todos os outros sentidos deverão ser levados em consideração, pois Sócrates define-se sempre como um *idiótes*.

5 A tradução literal seria "poetou a poesia", e é óbvio que Platão intencionalmente joga com a identidade de étimo das palavras, produzindo a poesia como um objeto direto interno ao poetar. Mas, ao longo de todo o diálogo, o verbo *poieîn* assumirá um sentido mais amplo que o de "poetar", no sentido mais restrito de "fazer versos, poemas". *Poeîn* reúne na mesma palavra os sentidos de "fazer, criar, poetar, fazer poemas", sendo impossível encontrar em português uma palavra que corresponda a essa simbiose semântica. Evitei "poetar a poesia" também pela estranheza da expressão em português. De qualquer modo, esse sentido deverá ser levado em consideração no jogo do diálogo.

6 Literalmente, "poetaram", *pepoiékasi*.

7 Preferi a tradução de *krités* por "juiz", mais tradicional, em vez de "crítico", embora esta fosse uma opção mais próxima etimologicamente do original; mas é preciso lembrar que, ao se falar em "juiz", não se trata aqui de julgar, no sentido jurídico do termo, mas de julgar no sentido de avaliar. A palavra "juiz" deve ser entendida no sentido daquele que é capaz de avaliar, um sentido bem próximo daquele que o substantivo "crítico" tem hoje entre nós.

8 Literalmente "poetam" [*poieîn*].

9 No original, *atekhnôs*, "simplesmente", que joga, obviamente, com *atékhnos*, "sem técnica". Dentro da economia do diálogo, o rapsodo é caracterizado exatamente como aquele que é *sem técnica*.

10 Opção de tradução de *euporô*, que tem ainda o sentido de "ser abundante". Optei por "ser desembaraçado" para manter o jogo, no original, com *aporô*, que traduzi por "ficar embaraçado". De *aporô*, temos o substantivo *aporía*, cuja melhor tradução seria "impasse". Poderia traduzir, nesse sentido, *aporô* por "cair num impasse". O problema é que não encontraria expressão correspondente à noção contrária de *euporô*.

11 A opção por traduzir *tékhne* por "técnica", e não como "arte", deve-se ao fato de que, no texto de Platão, *tékhne* está sempre associado a *epistéme*, "ciência", uma palavra que, em nossa experiência contemporânea, se opõe diametralmente ao sentido do termo "arte". Arte e ciência, nos dias de hoje, não são um par de sinônimos, como acontece

no texto de Platão, mas quase antônimos. Também foi importante nessa escolha a origem etimológica grega do nosso termo "técnica".

[12] Passagem de difícil tradução, em função da sintaxe surpreendente no original: *poietikè gár poú estin tò hólon*. Literalmente, "pois uma poética, eu suponho, é em relação ao todo".

[13] No original, *idiótes*. Cf. nota 4.

[14] No original, *idiotikón*, relativo a *idiótes*. Cf. nota 4.

[15] Cf. nota 12. Mesma sintaxe surpreendente: *graphiké gár tís esti tékhne tò hólon;* Literalmente: "pois a pintura é uma técnica em relação ao todo?".

[16] No original, *aporeî*. Cf. nota 10.

[17] No original, *euporeî*. Cf. nota 10. Notar que Sócrates retoma, quase palavra por palavra, a própria formulação de Íon sobre a diferença que há entre sua relação com Homero e a com os outros poetas.

[18] No original, *pepoíeken*, um daqueles casos em que o verbo *poieîn* não pode ser traduzido por "poetar", embora esteja subentendido por Platão, pelo paralelo traçado por Sócrates, que tanto o poeta quanto o pintor, o escultor e o músico devem ser entendidos dentro do campo amplo da *poíesis*, que é o da criação.

[19] Cf. nota 10.

[20] No original, *poieî*.

[21] Tentei reproduzir em português, com "pende", "depende" e "é suspensa", o jogo, na passagem, entre os termos *értetai*, *anértetai* e *exartátai*, um mesmo tema verbal que Platão vai modulando com o auxílio de prefixos.

[22] No original, *hoi melopoioí*. Literalmente, "os fazedores de melodias". Tradicionalmente, no entanto, é como designamos os poetas líricos. Deve-se destacar, todavia, o fato de que não compõem apenas versos mas também melodias.

[23] No original, *émphrones óntes*, em contraposição a *ékphrones*, que aparece logo a seguir. O mais importante me parece ser o jogo entre as preposições *en* e *ek*, que dão conta do jogo dentro/fora.

[24] Na passagem, deve ser destacado o intenso jogo poético que Platão constrói entre os termos *melopoioí* ("poetas líricos"), *méle* ("melodias"), *melirrýton* ("de mel corrente") e *mélittai* ("abelhas").

[25] Traduzi *noûs* por "senso", evitando as traduções tradicionais como "razão" ou "entendimento". Não se trata tanto de perder a razão, mas de perder o sentido de si. A palavra "senso" tem a vantagem de permanecer a meio caminho entre sentido e entendimento.

[26] No original, *poieîn*.

[27] No original, *epoíese*.

[28] No original, *atekhnôs*. Cf. nota 9.

[29] No original, *hermeneúein*. Apesar de ter optado pela tradução tradicional de *hermeneúein* como "interpretar", esta me parece ser uma das passagens em que a tradução de *hermeneúein* por "traduzir" me parece ser melhor. A ideia de intérprete e de interpretação que fazemos hoje não condiz muito com o que Íon e Sócrates parecem chamar de *hermeneús* e *hermeneúein*. A ideia fundamental é fazer passar algo de um campo para outro, o que o termo "tradução" diz com precisão. Através do poeta, algo passa dos deuses para nós; através do rapsodo, algo é passado do poeta para nós.

[30] No original, *eípeis épe*.

[31] No original, *émphron*.

[32] No original, *kekosmeménos*.

[33] Passagem em que se repete o jogo entre os termos *exértetai*, *erteménoi* e *exerteménon*, aos quais se acrescentam os termos *anakremannỳs* e *ekkremaménon*, que procurei traduzir como "dependurado" e "depende".

[34] No original, *kathékhetai* e *ékhetai*, que traduzi por "é possuído" e "é tomado", na falta de um verbo de mesmo étimo que pudesse traduzir ambos os sentidos.

[35] No original, *mélos*.

[36] *Ilíada*, XXIII, 335-340. Tradução de Haroldo de Campos.

[37] *Ilíada*, XI, 639-640. Tradução de Haroldo de Campos (modificada). Na verdade, a citação de Sócrates mistura os versos 630 e os versos 639 e 640 do livro XI da *Ilíada*, como se Sócrates recitasse apenas "mais ou menos" [*pos*] o que Homero diz.

[38] *Ilíada*, XXIV, 80-82. Tradução de Haroldo de Campos.

[39] No original, *pepoíetai*.

[40] *Odisseia*, XX, 351-357. Tradução de Carlos Alberto Nunes.

[41] *Ilíada*, XII, 200-207. Tradução de Haroldo de Campos.

[42] No original, *rapsoideîs*, do verbo *rapsoidô*, literalmente, "rapsodiar".

Posfácio

Platão, Goethe e o *Íon*

Alberto Pucheu

Desconfio que, no *Íon*, de Platão – diálogo que, muitas vezes, foi tido por apócrifo, comumente visto como um escrito de juventude e, portanto, menor, repleto de interpolações, etc. –, lê-se, na maioria dos casos, a cópia lida por Goethe, a partir da qual, desde 1826, data da publicação de seu texto, escrito em 1797, sobre o respectivo diálogo, se fazem as leituras da modernidade até a maioria das de nossos dias. Lê-se, portanto, o simulacro do diálogo platônico. Com raríssimas exceções (sobretudo o excelente *El teatro filosófico y la rapsódia; outra interpretación del Ion platónico*, de Jorge Mario Mejía Toro), ainda não se conseguiu superar completamente essas três poucas e escassas páginas, não se afundou em uma nova ilegibilidade necessária que traçasse a possibilidade virtuosa de uma outra interpretação. Quando um poeta – e, em todos os sentidos, um pensador – do porte de Goethe (1994, p. 201) afirma que o diálogo, que se quer sobre o poético e fora escrito por um filósofo, não tem "absolutamente nada a ver com a poesia", pode-se solidificar, enrijecendo-a, uma caricatura: a da filosofia contra a poesia, em busca de sua hegemonia. E, em contrapartida vingativa, a da poesia contra a filosofia.

★

Não se podem esquecer, entretanto, as circunstâncias e motivações que levaram o poeta alemão a escrever o ensaio "Platão como uma festa para a revelação cristã". Em 1795, o poeta e jurista Friedrich Stolberg, um outrora conhecido de Goethe que, posteriormente, se converteu ao cristianismo, publicou uma seleção dos diálogos platônicos com um prefácio afetadamente religioso. Ainda que tardio em relação à edição dos diálogos, o texto de Goethe (1994, p. 200) tem um caráter interventivo, combativo, agonístico, polêmico, contra a tentativa de se fazer de Platão um pensador cristão: "Mesmo Platão fora antes louvado por ter sido vinculado à revelação cristã, e é nesse papel que ele nos é apresentado na respectiva tradução". Contra uma vaga edificação, inconsistente em todos os níveis, Goethe clama por uma apresentação "clara e crítica das circunstâncias e motivações da escrita" platônica, que nos levaria a pensar Platão não como ele parece ter sido aos caprichos de quem quer que seja, obrigando-nos a uma leitura equivocada e redutora, mas para que possamos avaliá-lo como ele realmente foi: grego. Ler "grego" onde se lia "cristão" – no que concerne a Platão, eis a exigência, de fundo goethiana... Ainda que este "grego" tenha de ser, a cada instante, reinventado.

★

Se o breve ensaio é um libelo contra a cristianização caricata de Platão, Goethe (1994, p. 200), óbvia e simultaneamente, se coloca em guerra contra a canonização do *Íon*, pretendida por Stolberg:

> Como pode, por exemplo, o *Íon* ser oferecido como obra canônica quando esse pequeno diálogo é apenas uma zombaria! Provavelmente, por haver, no fim, menção à inspiração divina! Infelizmente, entretanto, aqui como

em vários outros lugares, Sócrates está apenas falando ironicamente.

Para desfazer a mistificadora leitura cristã, apenas a partir desse solo, desse projeto, o poeta ironiza a própria ironia supostamente socrática, zomba da própria zombaria supostamente platônica. Assumindo as máscaras da ironia socrática e do humor platônico, Goethe reintitula o diálogo, chamando-o de *Íon, o rapsodo humilhado*, e, afastando Platão da santidade atribuída a ele por Stolberg, leva-o a dialogar ironicamente com a comédia, como mais uma das dissoluções de fronteiras habituais do filósofo grego, associando-o a Aristófanes ao dizer que, se essa terra platônica é santa, até o teatro de Aristófanes é solo sagrado! Em nome de Platão e do resguardo de uma potência afirmativa, grega, de seu pensamento, uma possível santidade platônica se torna ilegítima, inteiramente jocosa, burlesca. Numa galeria de espelhos abissais, enaltecendo o ritual fálico onde antes era louvado o cristianismo com sua cruz, o poeta-ensaísta alemão realiza o mesmo procedimento que ele vê Sócrates efetuar no respectivo diálogo.

★

Poderia aprazer a Goethe a ideia de Trasilos de Alexandria (morto em 36 d.C.), astrólogo de Tibério, que deu a cada um dos diálogos platônicos um título, tirado do nome de um dos interlocutores da obra, e um subtítulo, extraído do assunto abordado, até hoje habitualmente utilizados, como se originalmente de Platão:

> Trasilos diz que Platão publicou seus diálogos em tetralogias, à semelhança dos poetas trágicos, que participavam com quatro peças das competições dramáticas – as Dionísias, as Lênaias, as Panatenaias e o festival dos Quítroi. A última das quatro peças era um drama satírico, e as quatro

juntas chamavam-se uma tetralogia (DIÓGENES LAÉRCIO. *Vidas e doutrinas dos filósofos ilustres*, III, 56).

O *Íon* como o último arranjo de uma das tetralogias platônicas, como um drama satírico filosófico? Talvez Goethe gostasse dessa ideia, que, se hoje não faz muito sentido, nos mostra, mais uma vez, explicitamente, um dos fortes vínculos com os quais a antiguidade juntava Platão e a poesia, Platão e o drama. Platão como um dramaturgo do pensamento ou mesmo um poeta filosófico.

*

Com seu habitual humor, também Nietzsche (2002, p. 36) encontra uma maneira de vincular Platão à comédia:

> [...] nada me fez refletir mais sobre a reserva e a natureza esfíngica de Platão do que esse *petit fait* [pequeno fato], felizmente conservado: que sob o travesseiro do seu leito de morte não se encontrou nenhuma "Bíblia", nada egípcio, pitagórico, platônico –, mas sim Aristófanes.

Talvez Goethe gostasse, igualmente, dessa anedota.

*

Sob o signo da chacota ou da galhofa, por causa de seus parcos conhecimentos dos poetas e, finalmente, por ter sido convencido de ser apenas o recipiente da inspiração divina, e não o agente de um artifício, de uma *tékhne*, Íon, o famoso rapsodo laureado, mais ou menos como o Penteu das *Bacantes*, é travestido em um rapsodo aturdido, atordoado, confundido, envergonhado, zonzo, grato por ter sido feito de tolo, uma pessoa extremamente limitada, com toda sua fraqueza exposta, favorecida, talvez, por uma aparência atraente, uma boa voz e um coração receptivo, um talento natural, meramente performático, recebido através de uma prática possivelmente familiar, um rapsodo que nunca pensou sua arte nem a arte em geral, que conseguia, quando muito, em vez de explicar os poetas, apenas parafraseá-los, um rapsodo, afinal, que não tinha o menor brilho de conhecimento poético. No talentoso, mas tolo, Íon, ter-se-ia a antecipação merecida de um poeta exilado.

*

Na mesma época em que Goethe escreve e publica seu texto, as palavras de Schleiermacher acenam um caminho similar ao indicado anteriormente, dando a entender que Platão teria feito Sócrates dialogar com o rapsodo por uma facilitação – como se o poeta-filósofo precisasse de tal artifício! – tomada para atacar, de fato, os poetas, que seriam o verdadeiro núcleo do diálogo, sobre os rapsodos gregos de uma maneira geral, que obviamente inclui Íon de Éfeso. Ele diz:

> [Os rapsodos] constituíam uma classe bastante subordinada de artistas e, em grande parte, direcionando-se às categorias inferiores do povo, não gozavam de influência significativa sobre os costumes e a educação da juventude de nível superior. Por isso, Platão os tomou como objeto de sua atenção e finalidade de sua ironia (Schleiermacher, 2004, p. 201).

Se essa passagem reverbera a pergunta que Xenofonte, em seu *Banquete*, leva Antístenes a fazer ("Você conhece alguma raça mais tola do que a dos rapsodos?" [III, 6]), ela se afasta completamente do que é manifesto no diálogo platônico, que indica uma posição completamente outra.[1]

[1] Sobre esse assunto, são frutíferas as palavras que abrem o livro de Kierkegaard (1991, p. 27) sobre a ironia socrática: "Passemos agora em revista as concepções de Sócrates produzidas por seus contemporâneos mais próximos. Neste caso, temos que nos fixar em três nomes: Xenofonte, Platão e Aristófanes. E quando Baur diz que, ao lado de Platão, é Xenofonte quem merece mais atenção, eu não posso compartilhar totalmente do seu modo de ver. Xenofonte se prendeu justamente à

Não é apenas o personagem que, na virada do século XVIII para o XIX, merece a desconfiança aparentemente coletiva; ninguém menos que o próprio Schleiermacher mais do que insinua que o mesmo diálogo é apócrifo. Em 1805, publicando sua tradução do *Íon*, na introdução escrita para a ocasião, ele afirma a ambiguidade desse "pequeno diálogo com muitos traços tão suspeitos e sem conteúdo filosófico próprio" (Schleiermacher, 2004, p. 205-206), obrigando-o, tradutor-exegeta, a, assim, ter seu "julgamento sacudido de um lado a outro e a balança oscilada com incerteza sem pender decisivamente para qualquer lado" (p. 204). Seu pêndulo ganha outras palavras para se manifestar:

> Muitos detalhes estão de tal maneira de acordo com o espírito característico de Platão e seu método mais autêntico, que pensamos reconhecê-lo [o *Íon*], com certeza, apenas como seu; mas, mais uma vez, logo se manifesta tanto fraquezas das quais nós não podemos acreditá-lo capaz nem mesmo na sua primeira época quanto a falta de verossimilhança de outras passagens, que as faz parecer imitações infelizes (Schleiermacher, 2004, p. 204).

Algumas suposições nada lisonjeiras nascem dessa desconfiança, fazendo a balança pender para o lado da inautenticidade: 1) depois de um esboço superficial do mestre, com passagens fortemente marcadas, ou, pelo menos, com indicações e assertivas de Platão por guias, um discípulo teria composto o *Íon*, o que explicaria, segundo Schleiermacher, tanto o agenciamento obscuro do todo quanto a qualidade desigual dos detalhes; 2) o diálogo proviria mesmo de Platão, mas simplesmente enquanto executado

---

imediatez de Sócrates e, por isso, certamente em muitos aspectos o compreendeu mal; em contraste com ele, Platão e Aristófanes abriram caminho através do duro exterior, chegando a atingir uma concepção daquela infinitude que é incomensurável com os múltiplos acontecimentos de sua vida".

superficialmente, tornando difícil supor que ele o corrigira até dar sua última demão, ou seja, Platão poderia ter executado esse pequeno exercício, mas sem consagrar um zelo particular a cada detalhe; 3) o *Íon* deveria ser um tipo de prelúdio a uma obra de importância bem maior, que não chegou a ser executada, sobre a natureza da arte poética; 4) Platão não visava nada além de um desenvolvimento jocoso e polêmico de algumas afirmações específicas do *Fedro*; 5) sua execução e sua divulgação foram, para não dizer involuntárias, precipitadas em função de um estímulo externo qualquer.

No começo do século XIX, a sorte do *Íon* não era das maiores. Se às desconfianças de Schleiermacher juntar-se uma leitura parcial, e, por isso mesmo, equivocada, do texto de Goethe, algumas das detrações do diálogo realizadas ainda no século XX devem-se mais a um sintoma caricato dos comentadores ecoando-se entre si do que à exploração de possibilidades inauditas do texto platônico.

★

Voltando à leitura goethiana, a princípio, aparentemente, de poeta, ficaria Platão – o filósofo, suposto criador de personagens estúpidos com o intuito de enfatizar o verdadeiro pensamento socrático – também desmerecido, merecendo o exílio da República de Weimar? Parece-me que não. Mais uma vez, é importante lembrar ser Stolberg, e não Platão, o alvo de Goethe. Aqui, de novo, o jogo de espelhos, o pôr-se em abismos, faz-se presente: afirmando que, mesmo quando pouco perceptível, em todos os escritos filosóficos, há um desafio polêmico, Goethe, o poeta, faz de seu pensamento uma polêmica contra o tradutor alemão, transformando-se, pelo encampamento de uma polêmica do pensamento, em filósofo, um símile de Platão. Um alemão que, num devir grego, pensa insuflado pela disputa. Goethe-Platão, um agenciamento fabricado pela força da disputa. Tentar exilar a introdução feita por Stolberg, tradutor aos diálogos platônicos: eis o desafio filosófico do poeta Goethe. Por isso, ou seja, por causa da interpretação cristã de Platão, ele minimiza a inspiração divina, para ele, mistificadora, em nome de uma interpretação científica, psicológica, da inspiração, que se afaste de "milagres e das operações de poderes estranhos". Ou seja, onde, em Stolberg, em vez de grego, cristão, em Goethe, em vez de grego, lê-se moderno. Por isso, por sua briga não ser com Platão, ao dizer que, no *Íon*, Sócrates está falando apenas ironicamente, não precisa investigar aquilo que ele próprio requer ao fim de seu texto: "Certamente, se alguém distinguisse para nós o que homens como Platão disseram seriamente, ironicamente ou semi-ironicamente, seja por convicção ou por necessidades de argumentação, nos renderia um serviço extraordinário e contribuiria imensamente para nossa educação" (Goethe, 1994, p. 203). Mais uma vez: se o próprio Goethe não se lança nessa aventura, é por sua preocupação ser momentânea, polêmica, querendo tão somente conter a possível propagação da interpretação stolbergiana do diálogo.

★

Cito, de novo: "Aqui, como em vários outros lugares, Sócrates está apenas falando ironicamente" (Goethe, 1994, p. 200). A inspiração vista pela lente da ironia? É o que Goethe quis; e, nele, a presença da ironia não só acerca da inspiração, mas, constantemente, em múltiplas passagens de cada um dos diálogos, persistindo, inclusive, em tudo aquilo que, neles, apela à multiplicidade heterogênica. Ao longo da modernidade, na esteira goethiana, tal maximização da ironia se transformou num rolo compressor que, em nome da uniformidade socrático-platônica, contra a ficcionalização de Sócrates, contra os outros personagens que também compõem a poesia dramático-filosófica, contra sua intrínseca agonística, contra, enfim, a sutileza da filosofia com suas tensões manifestas e latentes, em vez de instigar o fecundo pensamento plurívoco, acabou sendo a justificativa para a desatenção em relação a inúmeras passagens – sérias, não risíveis, difíceis, das conversações e dos conflitos criados por Platão: contraditoriamente, a ironia se opôs à aporia, em vez de ser seu motor. Em vez de a ironia ajudar a dar visibilidade à complexidade do texto como um todo, ao jogo filosófico-dramático de criações de impasses, saídas possíveis e novas dificuldades, chamando demasiada atenção para si, ela acabou sendo vista como a única dimensão, uniforme, do diálogo, ocultando tudo aquilo que, nele, dela escapa. No *Íon*, Maria Cristina Franco Ferraz (1999, p. 35), por exemplo, afirma haver uma "sobrecarga de ironia", desdobrada por ela em dois níveis: explicitamente, quanto à caricatura do rapsodo, e implicitamente, em relação ao poeta. Assim, no diálogo, tudo seria irônico, inclusive os elogios socráticos à rapsódia (Ferraz, 1999, p. 41); mas, apesar de o diálogo ser basicamente avaliado por sua suposta "sobrecarga irônica", curiosamente, em nenhum momento é explicitado o que se entende por ironia. Parece que a ironia é confundida com uma pura galhofa.

★

Cito, de novo, Goethe (1994, p. 203): "Certamente, se alguém distinguisse para nós o que homens como Platão disseram seriamente, ironicamente ou semi-ironicamente, seja por convicção ou por necessidades de argumentação, nos renderia um serviço extraordinário e contribuiria imensamente para nossa educação". Em vez da permeabilidade da ironia por tudo (quando, justamente por isso, sua especificidade se torna ilegível), faz-se necessária sua demarcação, contribuindo, dessa maneira, para uma melhor compreensão do texto platônico. Como, entretanto, distingui-la se nem mesmo se sabe o que ela, ironia, é? O que é a ironia socrática presente nos diálogos platônicos? Talvez seja Kierkegaard quem melhor pensa essa questão, pois o faz com sua habitual radicalidade filosófica. Para ele, o método irônico consiste em alavancar as perguntas de tal modo que seu interesse não repouse sobre o futuro de uma resposta conquistada, mas "na exaustão de um conteúdo aparente, deixando assim atrás de si um vazio" (Kierkegaard, 1991, p. 42). Em vez de para clarificar e saber alguma coisa, perguntar para, em nome de um não saber, cuja disposição se faz simultaneamente fraterna e combativa com o saber,[2] em nome dessa filosofia que exala todo o frescor de um recém-nascido aliado às forças inabituais do que se quer renovador... Perguntar, portanto, para confundir, para estarrecer, para levar o interlocutor a, desfazendo-se de suas certezas habituais, se perder, para conduzi-lo do concreto empírico cotidiano que o cerca à abstração sem conteúdo de um vazio aporético, no qual o filósofo, aventureiro, se insere, sem jamais sair completamente dele e tragando seus interlocutores para essa não ambiência. O filósofo não mede forças: com as palavras, sem querer abandonar o ringue nem por um segundo, obstinada e apaixonadamente, ele agarra seu interlocutor pelo pescoço e, obrigando-o a, incauto, participar da perigosa luta das perguntas, constrange-o à nudez total. Só então, tendo atravessado todos os riscos, sofrendo em seu corpo as dores mais intensas, o antes não iniciado está apto a ir embora, mas já é tarde: agora, desnudo, ele se encontra contaminado pela terrível doença desse peso-pesado da conversação pensativa, tendo de admitir, da existência, o que suas mãos não conseguem

---

[2] Vale lembrar que entendemos esta palavra como aquilo que caracteriza o sábio segundo o próprio Sócrates no diálogo, ou seja, estando vinculado a poetas, atores e rapsodos.

segurar. Aporética, a ironia é a Musa socrática por excelência – o percurso abissal de um itinerário impossível de ser levado a termo; a ironia é o próprio caminho da aporia, possibilitando mostrar que, desde o primeiro passo, desde a primeira indagação, o que sempre se quer é deixar a admiração, espantosa, aparecer. Trocar o ponto de interrogação pelo de exclamação: eis o objetivo da ironia questionadora e aporética, o ponto onde o filósofo e o poeta, sem roteiros, se encontram. É o que o pensador dinamarquês parece dizer:

> Mas esta senhora não é ninguém menos do que a ironia total que, depois que as pequenas batalhas foram combatidas até o fim, depois que todas as elevações foram arrasadas, percorre com o olhar o nada total, toma consciência de que nada mais restou, ou melhor, que só restou o nada (Kierkegaard, 1991, p. 96).

Neste momento da eclosão do vazio ou do nada que conduz os conversadores a, sem saída, mergulharem nele, só lhes restaria uma possibilidade: de dentro do vazio, do nada, maravilhados, tornarem-se um novo tipo de poeta, aquele que, mais uma vez, do nada, do vazio, do silêncio, criando, produz – pensamento. Um tipo de pensamento que, no caso, socrático, confundindo as palavras e o silêncio, quer justamente ofertar-se ao interlocutor. Oferecer o silêncio que não se pode possuir: eis a ironia, a aporia, a dialética... Eis Platão e o Sócrates platônico. A ironia é, portanto, o movimento das origens, dos princípios. Acontece que quem se sentirá impelido a realizar esse movimento silenciador e produtor não é ninguém menos do que o leitor, o rosto escondido em todo e qualquer diálogo platônico.

★

Partindo de Goethe, com sua demanda pela demarcação do que Platão está dizendo séria ou ironicamente, essa trilha conduziu a Kierkegaard, com as duas modalidades filosóficas da pergunta platônica, que muito ajudam a flagrar os dois vetores do *Íon*:

> Pois a gente pode perguntar com a intenção de receber uma resposta que contém a satisfação desejada de modo que quanto mais se pergunta tanto mais a resposta se torna profunda e cheia de significação; ou se pode perguntar não no interesse da resposta, mas para, através da pergunta, exaurir o conteúdo aparente, deixando assim atrás de si um vazio. O primeiro método pressupõe naturalmente que há uma plenitude, e o segundo, que há uma vacuidade; o primeiro é especulativo, o segundo o *irônico*. Era este último o método que Sócrates praticava frequentemente (Kierkegaard, 1991, p. 42).

Usando a terminologia do pensador dinamarquês, o que agora, aqui, se tenta é rastrear o procedimento "irônico". No *Íon*, em vez de dizer respeito a absolutamente tudo, a ironia socrática se refere tão somente à possibilidade de a poesia e a rapsódia serem encaradas como *tékhnai* e *epistémai*. Contrariamente a Maria Cristina Franco Ferraz (1999, p. 41), por exemplo, que afirma que a ironia socrática já se manifesta, de maneira evidente, "nos elogios à arte do rapsodo, que praticamente abrem o texto logo após um breve preâmbulo", entendo que, se, por um lado, nessa passagem, começa a se esboçar a preparação da ironia socrática quanto à alternativa "técnica" e "epistêmica" (e somente em relação a ela!), por outro, os elogios à rapsódia, os motivos que fazem Sócrates invejar, admirando, os rapsodos, ou seja, tudo aquilo que, em progressão intensiva, aparece enquanto o "conveniente" e o "necessário" ao respectivo fazer, culminando no mito central do diálogo, são inteiramente afirmativos. Eis o belíssimo trecho:

> Com efeito, muitas vezes invejei-vos, os rapsodos, Íon, pela vossa técnica. Pois tanto o ser conveniente, a vós, por meio da técnica, ornar o corpo e parecer o mais belo possível

> quanto ser necessário viver na companhia de outros poetas, muitos e bons – e mais que todos de Homero, o melhor e mais divino dos poetas –, e saber de cor seu pensamento, não apenas as suas palavras, é invejável. Pois ninguém se tornaria jamais um bom rapsodo se não compreendesse as coisas ditas pelo poeta. Pois deve o rapsodo se tornar, para os ouvintes, intérprete do pensamento do poeta. Porém, fazer isso bem, sem conhecer o que diz o poeta, é impossível. Todas essas coisas são sem dúvida dignas de ser invejadas [530b-c].

No diálogo, há uma vertente pela qual muito do que é dito da poesia e da rapsódia tem um valor inteiramente afirmativo – de forte dose, raramente igualável, de compreensão do poético. À rapsódia e à poesia está reservada outra pregnância, em nada menor do que a "técnica" ou a "epistêmica", inteiramente afirmativa, plena, cuja primeira amostra, como já foi mencionado, se dá no trecho traduzido anteriormente, através daquilo que é "conveniente" e, sobretudo, "necessário", mas que, no momento, não vem ao caso, já que o que interessa ao âmbito deste ensaio é mostrar de que maneira a ironia socrática se manifesta no diálogo, para que não seja quantitativamente hipervalorizada nem qualitativamente subvalorizada e, com isso, tomada como o rolo compressor do filósofo passando por cima do poeta ou do rapsodo, esmagando-os.

Em vez de comentar toda a passagem citada, gostaria de, reafirmando, salientar tão somente que é apenas no que tange à suposta capacidade técnica da rapsódia, neste momento lançada estrategicamente por Sócrates e, logo em seguida, acatada por seu interlocutor, que o ateniense mostrará o não saber do efésio; exclusivamente nesse aspecto, descentrando-o, ele poderá o entorpecer, narcotizar, confundir. É como técnico que, conduzido por Sócrates, Íon mergulhará no vazio, perdendo o suposto conhecimento que hipoteticamente havia: "é evidente a todos que és incapaz de falar acerca de Homero em virtude de uma técnica e de uma ciência" (532 c), diz, mais à frente, Sócrates ao rapsodo. Num diálogo de mais ou menos 15 páginas, essa frase, ou alguma variação bastante próxima dela, é um autêntico refrão, retornando inúmeras vezes para insistir na única impossibilidade rapsódica ou poética que Sócrates deseja demarcar. Na imagem paradigmática da pedra de Hércules, por cinco vezes em menos de duas páginas, é dito que não é por *tékhne* que Íon fala de Homero, afirmação que, daí por diante, continuará a se repetir mais umas tantas vezes até o fim do texto. Por, no princípio da conversa ficcional, ter sido sugestionado a acreditar ser um técnico e, a partir de então, a levantar esta bandeira sem, entretanto, conseguir sustentá-la, Íon, ao fim do diálogo, é levado a aceitar ter sido "injusto" ou, melhor e definitivamente, a, aprendendo, assumir sua impossibilidade *técnica*.

Com essa parte negativa, irônica ou desconstrutiva, Sócrates faz sua atopia e sua excentricidade, contra as quais ninguém, nem mesmo nós, afastados de anos, estamos imunes; com elas, Sócrates nos contamina, deixando-nos sem chão, sem lugar, sem centro: no abismo. Se, em vez de *sábio*, Sócrates é *átopos*,[3] é porque a filosofia, em vez de ser uma sabedoria, é um deslocamento em relação a ela. A filosofia é atópica. Resultando no verdadeiro equívoco do personagem, o que Íon não sabia da rapsódia e da poesia é que elas não são *tékhnai* nem *epistémai*, enquanto ele as acreditava como tais; dessa crença, como já foi dito, Sócrates o conduz tanto ao vazio, ao nada, de sua antiga opinião quanto ao lugar nenhum, à não ambiência, à aporia, à perplexidade, à exclamação de quem agora pode também aprender um fato ainda mais importante: o da não necessidade de elas serem encaradas a partir da fundamentação daqueles elementos de

---

[3] Referência esta que, caracterizando Sócrates, atravessa os diálogos platônicos, por exemplo, *Fedro* 229c, *Teeteto* 149a, *Górgias* 494d, *Banquete* 215a, só para citar alguns.

um certo tipo de saber. Completando, portanto, o processo irônico, perfazendo-o, juntando o começo e o fim da conversa através de um dos objetivos alcançados, as derradeiras palavras do diálogo, através das quais Íon é obrigado a uma demolição de seu suposto saber, a frequentar a vacuidade, são: "Isto, então, a coisa mais bela, te é concedido por nós, Íon: ser divino, e não um louvador técnico de Homero". Sócrates ironiza, portanto, apenas a crença técnica referente à poesia (esta última é completamente elogiada, entretanto, por seu caráter divino, que, extático e entusiástico, através do ritmo e da harmonia dos versos, tira o poeta, o rapsodo e o público de si, fazendo aflorar o "pensamento" [a *diánoia*] de tais versos). Fim do diálogo.

★

Mesmo talvez desconhecendo o texto de Goethe, ou, se o conhecendo, não levando em conta o contexto de sua interpretação, os comentadores, com maior frequência, direta ou indiretamente, reproduzem apenas a caricatura de seu jogo: Platão – o filósofo – contra o poeta, a filosofia contra a poesia. Ou, então, tão ruim quanto isso, talvez ainda pior, o diálogo, poético-filosófico, passa a não ter "absolutamente nada a ver com a poesia", levando a um desmerecimento desta ou, conforme o caso, da própria filosofia, e, dessa forma, para que se pense uma dinâmica poética, poético-filosófica ou mesmo filosófica, o diálogo não serviria, não mereceria ser levado em conta. Tudo o que se consegue, assim, é perder, de uma só vez, tanto Platão quanto Goethe, exatamente onde ambos se encontram: na união do poético com o filosófico. Até hoje, portanto, Íon, o personagem, é, o mais das vezes, tratado, através de sua total falta de vivacidade e esperteza, como mero contraponto ao pensamento socrático, uma presa fácil que não oferece qualquer resistência, exibindo a parvoíce exemplar dos rapsodos, sempre de maneira enfatuada e desqualificada, sob suspeição, mostrando uma idiotice caricatural que o desmascararia... Dominada e controlada, a figura do rapsodo se expõe exemplarmente tola, vaidosa, degradada, merecedora de condenação, escarnecimento, ironia, ridicularização, humilhação, incriminação... O diálogo é recebido apenas através de seu personagem sendo zombado do começo ao fim, como um completo imbecil, quando seria totalmente desmoralizado e ridicularizado, deslegitimando, por sua tolice caricatural e total imbecilidade, a possibilidade de um pensamento poético.

★

Acontece que o próprio Goethe faz questão de caracterizar o Sócrates do diálogo como uma figura fictícia criada pelo teatro do pensamento platônico. Mostrando mais uma relação estabelecida entre o diálogo filosófico e a comédia ateniense, indicando, também com isso, o caráter poético da filosofia, o poeta, indiscernível agora do filósofo, assinala que, assim como há um Sócrates de Aristófanes (a ocasião não exige que Goethe mencione o Sócrates de Xenofonte), existe um outro, platônico, ambos diferentes entre si e, sobretudo, inteiramente diversos de sua pessoa empírica. Sócrates, Goethe bem sabe, evidencia-se como personagem ficcional de Platão, livrando-nos do erro frequente de subsumir este àquele, como se Platão expusesse suas ideias pela boca de Sócrates. Nunca é demasiado relembrar a deliciosa anedota contada por Diógenes Laércio (*Vidas e doutrinas dos filósofos ilustres,* III, 35), mencionando que Sócrates, o indivíduo empírico, ouvindo Platão ler o *Lísis*, teria exclamado: "Por Hércules! Quantas mentiras esse rapaz me faz dizer!". Mentir... Mascarar... O jogo ficcional dos diálogos poético-filosóficos platônicos.

★

Mas, se Platão não é Sócrates, quem é ele, afinal? Como adentrarmos seu pensamento? O próprio Goethe (1994, p. 200-201) nos indica uma bela chave, não desenvolvida por ele mesmo:

> Todos os escritos filosóficos são atravessados por um fio polêmico, mesmo quando pouco perceptível. Quem quer que filosofe se distancia dos modos de pensamento de seus predecessores e contemporâneos. Por isso, frequentemente, os diálogos platônicos não se encaminham apenas em direção a algo, mas também contra algo. Seria de maior eficácia se o tradutor elucidasse esses dois *algos* e, num grau cada vez maior, os tornasse compreensíveis ao leitor alemão.

Ler Platão como o agenciador desses "dois algos", o contra o que e o para onde o diálogo se encaminha, no caso: contra a possibilidade técnica e epistêmica da poesia e a favor de seu entusiasmo dianoético. Ler Platão como o criador de uma disputa, de um combate, de um teatro poético-filosófico do pensamento, onde tudo, personagens, conversas e ideias, incluindo seus enfrentamentos, é fictício. Lê-lo como um escritor agonístico, sem submetê-lo a algum personagem específico. Lê-lo, no legível do horizontal, no explícito das falas de todos os personagens, mas também nas virtualidades que, movediças, velozes, muitas inapreensíveis, insinuam um plano vertical, inaparente, de intensidades, onde ecoam as múltiplas tensões entre tudo o que é dito e o todo do indizível. Ler Platão como o criador de polêmicas aporias. Lê-lo como quem tem muito a dizer tanto sobre a poesia quanto sobre a incipiente – e, desde então, permanente – filosofia e, sobretudo, quanto a seus possíveis entrelaçamentos. Lê--lo, simultaneamente, como poeta e como filósofo, como superador dos caminhos reconhecidos do pensamento e, desta maneira, buscar, nele, o que é pensado da filosofia e o que é pensado da poesia. Talvez, assim, pensando o aonde as forças do diálogo se encaminham e o contra o que essas forças se fabricam, pensando desde o próprio *agón*, desde sua insolúvel valorização, em vez de termos o pensamento de Platão domesticado em nossos bolsos, possamos pensar em um Platão, enfim, perigoso, indomesticável, que, no fim das contas, nos obriga a pensar simplesmente – com ele, a partir dele. Por nossa conta.

Referências

DIÓGENES LAÉRCIO. *Vidas e doutrinas dos filósofos ilustres.* Tradução de Mário da Gama Kury. Brasília: UnB, 1988.

FERRAZ, Maria Cristina Franco. O poeta, como o sofista: um fingidor. In: *Platão; as artimanhas do fingimento.* Rio de Janeiro: Relume Dumará, 1999. p. 35.

GOETHE, Johann Wolfgang von. Plato as Party to a Christian Revelation. In: GEAREY, John (Ed.). *Essays on Art and Literature.* Translated by Ellen von Nardroff and Ernest H. von Nardroff. Princeton: Princeton University Press, 1994.

KIERKEGAARD, S.A. *O Conceito de Ironia; constantemente referido a Sócrates.* Apresentação e tradução de Álvaro Luiz Montenegro Valls. Petrópolis: Vozes, 1991.

NIETZSCHE, Friedrich. *Além do bem e do mal; prelúdio a uma filosofia do futuro.* Tradução, notas e posfácio de Paulo César de Souza. 2. ed. São Paulo: Companhia das Letras, 2002.

SCHLEIERMACHER, Friedrich Daniel Ernst. *Introductions aux dialogues de Platon: suivies de texts de Friedrich Schlegel relatifs à Platon.* Traduction et introduction par Marie-Dominique Richard. Paris: Les Éditions du Cerf, 2004.

XÉNOPHON. *Banquet.* Texte établi et traduit par François Ollier. Paris: Les Belles Lettres, 1972.

Coleção Filô

*Gilson Iannini**

A filosofia nasce de um gesto. Um gesto, em primeiro lugar, de afastamento em relação a uma certa figura do saber, a que os gregos denominavam *sophía*. Ela nasce, a cada vez, da recusa de um saber caracterizado por uma espécie de acesso privilegiado a uma verdade revelada, imediata, íntima, mas de todo modo destinada a alguns poucos. Contra esse tipo de apropriação e de privatização do saber e da verdade, opõe-se a *philía*: amizade, mas também, por extensão, amor, paixão, desejo. Em uma palavra: Filô.

Pois o filósofo é, antes de tudo, um *amante* do saber, e não propriamente um sábio. À sua espreita, o risco sempre iminente é justamente o de se esquecer daquele gesto. Quantas vezes essa *philía* se diluiu no tecnicismo de uma disciplina meramente acadêmica e, até certo ponto, inofensiva? Por isso,

* Professor do Departamento de Psicologia da Universidade Federal de Minas Gerais (UFMG), é graduado em Psicologia e mestre em Filosofia pela UFMG e doutor em Filosofia pela USP; na Universidade Paris VIII, obteve o título de "Master en Psychanalyse: concepts et clinique". É coordenador do programa de mestrado em Estética e Filosofia da Arte da Universidade Federal de Ouro Preto (UFOP) e da Coleção Filô.

aquele gesto precisa ser refeito a cada vez que o pensamento se lança numa nova aventura, a cada novo lance de dados. Na verdade, cada filosofia precisa constantemente renovar, à sua maneira, o gesto de distanciamento de si chamado *philía*.

A coleção Filô aposta nessa filosofia inquieta, que interroga o presente e suas certezas; que sabe que suas fronteiras são muitas vezes permeáveis, quando não incertas. Pois a história da filosofia pode ser vista como a história da delimitação recíproca do domínio da racionalidade filosófica em relação a outros campos, como a poesia e a literatura, a prática política e os modos de subjetivação, a lógica e a ciência, as artes e as humanidades.

A coleção Filô pretende recuperar esse desejo de filosofar no que ele tem de mais radical, através da publicação não apenas de clássicos da filosofia antiga, moderna e contemporânea, mas também de sua marginália; de textos do cânone filosófico ocidental, mas também daqueles textos fronteiriços, que interrogam e problematizam a ideia de uma história linear e unitária da razão. A coleção aposta também na publicação de autores e textos que se arriscam a pensar os desafios da atualidade. Isso porque é preciso manter a verve que anima o esforço de pensar filosoficamente o presente e seus desafios. Afinal, a filosofia sempre pensa o presente. Mesmo quando se trata de pensar um presente que, apenas para nós, já é passado.

Este livro foi composto com tipografia Bembo Std e impresso
em papel Off-White 80 g/m² na Formato Artes Gráficas.